短线法宝

神奇N字结构盘口操作法

（第3版）

魏强斌　何江涛/著

经济管理出版社

ECONOMY & MANAGEMENT PUBLISHING HOUSE

图书在版编目（CIP）数据

短线法宝——神奇 N 字结构盘口操作法/魏强斌，何江涛著. —3 版. —北京：经济管理出版社，2021.1
（2023.4重印）

ISBN 978-7-5096-7714-8

Ⅰ. ①短…　Ⅱ. ①魏…　②何…　Ⅲ. ①股票投资—基本知识　Ⅳ. ①F830.91

中国版本图书馆 CIP 数据核字（2021）第 022474 号

策划编辑：勇　生
责任编辑：勇　生　王　聪
责任印制：黄章平
责任校对：王淑卿

出版发行：经济管理出版社
　　　　　（北京市海淀区北蜂窝 8 号中雅大厦 A 座 11 层　　100038）
网　　　址：www. E-mp. com. cn
电　　　话：（010）51915602
印　　　刷：唐山昊达印刷有限公司
经　　　销：新华书店
开　　　本：787mm×1092mm/16
印　　　张：16
字　　　数：304 千字
版　　　次：2021 年 8 月第 3 版　　2023 年 4 月第 2 次印刷
书　　　号：ISBN 978-7-5096-7714-8
定　　　价：68.00 元

股票短线交易的技术框架

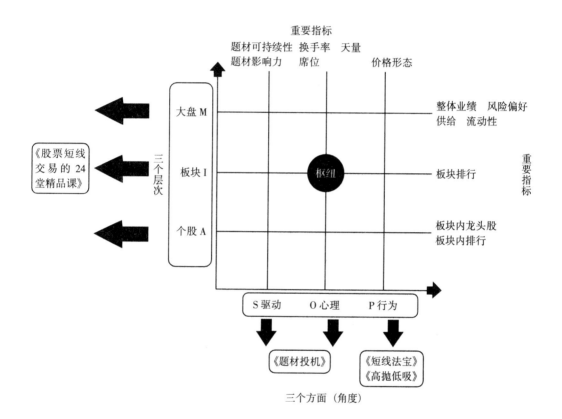

我们的股票短线交易的技术框架建立在两大理论基础上，一是 N 字结构理论，这是《短线法宝》讲授的内容；二是斐波那契四度理论，这是《高抛低吸》讲授的内容。斐波那契四度理论并不是简单地用斐波那契点位预测价格目标，还需要结合其他一些因素，特别是 K 线形态。仅有技术还不行，还需要灵魂，这就是《题材投机》这本书传授的内容。A 股任何短线技术最终都要由"题材"来统率。要用好技术、要抓住热点题材需要系统的思维，这就是《股票短线交易的 24 堂精品课》涉及的课程，要分析大盘、板块以及个股，要涉及驱动层面、心理层面和行为层面。

读者赞誉（第一、第二版）

魏强斌的书必属精品！！！这是第二版，但是内容得到了更新与增加，你值得拥有。看完之后稳定盈利，操作水平提高很快。

——xp67229120

有良心的书！有良心的作者！

——璇讳功

非常棒的一本书！图文并茂，事例典型，有指导意义，短线圣经！

——闵***9

国内交易类图书中的精品！通俗易懂，观点独特，实用，可操作性强！值得学习的一本书。

——csj992

短线操作风险很大，买来学习，魏强斌老师的书实用价值很强。刚收到，翻看了一下，一个字——好！实例比较多，适合刚进股市的朋友阅读。

——鍐涘绱襄

适合初学者的培训教材。讲得很好，很透彻！方法简便易学，值得购买。

——Wangjbest

专业人员专业角度书籍，认真拜读！

——sunny13565

内容不错，不管是新手还是老手都能从中得到启示！少有的讲实战、分析市场本质的书，内容很全面，值得收藏复看。早看几年也就不会那么拿不住牛股了。

——1***6

跟民间股神合写的，图文并茂，主题鲜明，讲解了很多例子，很适合股民阅读。

——选***5

很实用！朋友介绍了这个作者，我就都买了。正在学习中，很有借鉴意义。

——c***p

魏老师的东西不用说，非常有用，买了很多次了。

——刀 *** 非

这本书看完了，并且做了笔记后来评价。刚开始不喜欢印刷的纸张，所以影响了阅读的兴趣，看到后面几课，觉得有趣，又回头重看，N 字理论还是很有意思的，对于我们寻找一些关键点很有作用。里面从经济学的角度阐述量价关系也很容易懂，个人感觉适合有一定操作经验的朋友。推荐！下次再买这个系列的其他书。

——鏈乚ご澹

想要投资炒股有收获，必须多看此书！这本书观点特别，很有用处！三大特点：真正说清量价关系，说清增减仓方案，提供明确止损点方案（当然，这种方法只适合非常强势的市场或股票）。N 字结构还应尽一步细化。有所受益！

——灏怡嶠 0011

魏老师这种从事一线交易的，通晓西方大师的写出来的实战技巧心得，很受用！谢谢。很不错的实战派的教材。有很多值得借鉴的东西。N 字形态也是走势的本质映像。需要好好学习消化。具有独特性的论述，值得购买学习，推荐其他学习者购买。

——Aitsh168

这个算是讲股市绝招吧，写得非常好，我也决定按照这个方法去炒股。

——u***9

魏强斌的书都是实战派的，不像其他作者用案例来码页数，而是直接讲方法、讲技巧，去繁化简，不错！！！

——a***a

可操作性强！N 字操作是股市操作的一个常用手法，是波段操作的一个构成形式。

——濮瀚

炒股的经常提到 N 字结构，特别是炒短线的常用，专门买来学习一下。非常好的书，通俗易懂，很实用，股友们应该多看看。

——Whnewworld

Satisfied！！！很好啊！很强大！受益匪浅！

——涓扮仪

一如既往，很好，值得收藏！很实用，读后有启发！

——Jince

好书！买那些骗人的软件不如买书学习。下功夫学习，端正心态，收获不浅！

——shb7520

好书！很不错，有思想性！就是框架思路，你可以好好思考。

——灏忔棤2012

整体感觉不错，很实用，质量好，内容丰富！书写得不错，通俗易懂，好好研究肯定有收获。对于初学者来说是一本不错的技术类书籍。

——helen69

写得太好了，太实用了！没有多余的话，就一个字"好"！

——憋眮

此书读读蛮不错的，我很喜欢！！！非常好的一本书，只有好好学习，炒股技术才能不断地更新。想炒好股票，真的需要好好学习和实践。

——f***8

难得的股市解密书！好得很！我喜欢！阅读中，吸收借鉴！

——c***7

魏老师的书有深度和高度，现在股票书籍泛滥，要入正确的道路，就要学习正确的思路和门径，书是正版，质量好，快递速度快，点赞！

——p*** 猵

一直购买此系列书籍，非常好的书，要好好认真研读。

——娣 *** 笘

本书思路和目前我的思路差不多，但是学到一点，就是如何、何时卖出，学到一点。一本书能学到一点就足够了。颇为不错的一本书！内容值得阅读学习。

——ruanyu8106

神奇法则！写得非常不错，很喜欢！很好很实惠！绝对是有价值的一本书！值得慢慢学习。

——闃虫

魏老师的书，没有那么多实例，直指交易精髓。有人说作者太啰唆，其实，只有理解作者的苦心，才能体会到交易的真谛，找出赚钱的方法。经过实践检验我觉得魏老师的方法很管用，这本书物超所值。

——jiefangjun

赞爆！书很好，接地气，非常实用，以后还会经常购买这个作者的书。

——Kaingin

非常好的书，醍醐灌顶！

——feen

一本好书，书中内容很独特，对于实盘操作很有参考价值。

——JrlwGzbKHOoG

短线法宝这本书我有电子版的。这次买了实体书。还是喜欢看纸质书。可以画，可以标注。读书已成为习惯。

——g***k

书很好，内容很精彩，对建立系统有帮助。太爱这书，作者是人才！道出了交易的真谛，启发很大。

——w***8

大神写的书，先点个赞！书写得很透彻，深入地列举，通俗易懂。好好研读，对自己会有帮助。

——K***9

好书，经典的技术，建议朋友们买一套。学习学习中国股市高人的观点，给自己增加点经验。

——w***0

买了这一系列的书，感觉质量都很好！很不错，看了有帮助。值得仔细研究，好好学习。

——O*** 勐

不错的选择，简练易操作，化繁为简，老少皆宜！简单有效，相信可以帮到很多人，也是实战有用的。

——Pingchengduan

这本书写得很好，值得反复阅读，N 形态很值得研究！这套书实用性还是不错的，有经验的人会有体会。

——h***8

经典图形分析的浓缩，值得一看！非常好的一本书，每天学习一点进步一点！

——生 ***D

很不错的国内作者编写的书籍，相对于国内市场，更接地气，值得一看。

——我 *** 人

主要讲的是市场根本结构，对于判断趋势非常有用。很好的书，散户看的炒股书，推荐一看！

——无 *** 巍

魏强斌老师的书很不错，分析到位，内容实用，讲的方法还是比较中肯的，基本上符合中国技术分析的使用，阅读后收获很多，炒股水平有提高。

——l***n

写得非常细致，是作者长久经验积累的结果，魏老师很棒！期盼从本书中得到真传，未来不断提高收益率。

——l***Ko

同事推荐的，非常棒的书，买了一大堆，发现这个系列是最好的，支持！内容翔实，书本质量不错，正是我需要的。

——H***锋

这本书确实特别值得推荐，介绍得很到位，需要深度思考，大家都应该看一看。

——D***e

相当不错的书籍，很有参考价值！10%的人会在这场零和博弈中取胜，其他人带回家的只是昂贵的经验。

——幽***方

非常受教的书，值得反复观摩！这本书真的可以，用心的股民朋友能从中得益。

——5***安

这本书很有价值，经验汇总，是实战过的人的书，值得借鉴学习。

——棋***映

朋友推荐买的书，还不错，有价值！

——不***籽

很好的入门书，刚刚交易的人可以认真读一下。

——Rocky

看过多本魏老师外汇方面的书，第一次看魏老师写的股市方面的书籍，感觉相对于其他股票书籍内容非常实用，也很明确易懂，绝对值得好好学习。

——猪福071

真的是很不错的一本书，值得一看。

——许许123

如题！我做外汇、期货，不做股票的原因就是因为股票种类太多了！这本书还是有用的！配合道氏理论，效果挺好，并不是每一个N字都有用，突破都能做单。

——自我表现

质量非常好，很有价值的参考书。

——52639

实战性比较强的一本书，好！

——易学交易

N 字手法真的很好用，不过这本书是讲股票的，不是外汇的有点可惜。

——寻找幸福 a

这本书很好，既有怎样控制心理，又有实战分析，很不错。

——龙者行

短线技术的精髓，会买也会卖，比中国台湾的 N 字操盘法要实在得多，人家技术好不拿出来。这本书不错，领会深入，拓展境界。还想学习作者更多的思想。

——wyh02

2N 交易法眼光独到：

1. 符合波浪运行理论，第三浪与第五浪具有爆发力。

2. 结合了上升趋势中最经典的量价原理：价跌量缩，价升量涨。

3. 结合了 K 线起涨原理：希望之星、希望十字星、阳包阴（亦称吞没形态、穿头破脚）。

——优美如梦

技术分析有独到之处，可以参考自己的知识进行优化。

——你不认识 w

先看的《股票短线交易的 24 堂精品课》，后借看的这本书。很好，不错，果断买。实战性强，希望能快速提高。

——Grapelee

N 字结构确实是 K 线的核心图。

——tzdr00

读了 3 遍，方法很具体！

——风雨同舟 89

非常喜欢！非常喜欢！

——LAS 奥特曼

这个方法相当不错，一看就知道作者是有实战经验的。

——如零向动

本书对短线分析有另类的眼光。

——梦影枫

N 字形态是对称形态的一部分，值得学习！

——龙票 36

确实写出了精髓，独树一帜的盈利秘诀。

——小小小小 m

炒股短线必读!!!

——lb99

内容简单但却非常实用，可需要仔细研究，里面的一些东西需要多次理解复盘。

——雪山炎

值得参考的短线操作方法!

——顺行者

值得作为实战思路指导，颇具实战意义。

——Alisa1016

按照书中的方法实践和完善半年之后，我已经能够稳定盈利了。这令我感到非常激动。

——JASON WONG

导言　成为伟大交易者的秘密

◇ 伟大并非偶然！

◇ 常人的失败在于期望用同样的方法达到不一样的效果！

◇ 如果辨别不正确的说法是件很容易的事，那么就不会存在这么多的伪真理了。

　　金融交易是全世界最自由的职业，每个交易者都可以为自己量身定做一套盈利模式。从市场中"提取"金钱的具体方式各异，而这却是金融市场最令人神往之处。但是，正如大千世界的诡异多变由少数几条定律支配一样，仅有的"圣杯"也为众多伟大的交易圣者所朝拜。现在，我们就来一一细数其中的最伟大代表吧。

　　作为技术交易（Technical Trading）的代表性人物，理查德·丹尼斯（Richard Dannis）闻名于世，他以区区 2000 美元的资本累积了高达 10 亿美元的利润，而且持续了十数年的交易时间。更令人惊奇的是，他以技术分析方法进行商品期货买卖，也就是以价格作为分析的核心。但是，理查德·丹尼斯的伟大远不止于此，这就好比亚历山大的伟大远不止于建立地跨欧、亚、非的大帝国一样，理查德·丹尼斯的"海龟计划"使得目前世界排名前十的 CTA 基金经理有六位是其门徒。"海龟交易法"从此名扬天下，纵横寰球数十载，今天中国内地也刮起了一股"海龟交易法"的超级风暴。其实，"海龟交易"的核心在于两点：一是"周规则"蕴含的趋势交易思想；二是资金管理和风险控制中蕴含的机械和系统交易思想。所谓"周规则"（Weeks' Rules），简单而言就是价格突破 N 周内高点做多（低点做空）的简单规则，"突破而做"（Trading as Breaking）彰显的就是趋势跟踪交易（Trend Following Trading）。深入下去，"周规则"其实是一个交易系统，其中首先体现了"系统交易"（Systematic Trading）的原则，其次体现了"机械交易"（Mechanical Trading）的原则。对于这两个原则，我们暂不深入，让我们看看更令人惊奇的事实。

　　巴菲特（Warren Buffett）和索罗斯（Georgy Soros）是基本面交易（Fundamental Investment & Speculation）的最伟大代表，前者 2007 年再次登上首富的宝座，能够时隔

多年后再次登榜，实力自不待言，后者则被誉为"全世界唯一拥有独立外交政策的平民"，两位大师能够"登榜首"和"上尊号"基本上都源于他们的巨额财富。从根本上讲，是卓越的金融投资才使得他们能够"坐拥天下"。巴菲特刚踏入投资大门就被信息论巨擘认定是未来的世界首富，因为这位学界巨擘认为巴菲特对概率论的实践实在是无人能出其右，巴菲特的妻子更是将巴菲特的投资秘诀和盘托出，其中不难看出巴菲特系统交易思维的"强悍"程度。套用一句时下流行的口头禅"很好很强大"，恐怕连那些以定量著称的技术投机客都要俯首称臣。巴菲特自称 85% 的思想受传于本杰明·格雷厄姆的教诲，而此君则是一个以会计精算式思维进行投资的代表，其中需要的概率性思维和系统性思维不需多言便可以看出"九分"！巴菲特精于桥牌，比尔·盖茨是其搭档，桥牌游戏需要的是严密的概率思维，也就是系统思维，怪不得巴菲特首先在牌桌上征服了信息论巨擘，随后征服了整个金融界。以此看来，巴菲特在金融王国的"加冕"早在桥牌游戏中就已经显出端倪！

索罗斯的著作一大箩筐，以《金融炼金术》最为出名，其中他尝试构建一个投机的系统。他师承卡尔·波普和哈耶克，两人都认为人的认知天生存在缺陷，所以索罗斯认为情绪和有限理性导致了市场的"盛衰周期"（Boom and Burst Cycles），而要成为一个伟大的交易者则需要避免受到此种缺陷的影响，并且进而利用这些波动。索罗斯力图构建一个系统的交易框架，其中以卡尔·波普的哲学和哈耶克的经济学思想为基础，"反身性"是这个系统的核心所在。

还可以举出太多以系统交易和机械交易为原则的金融大师们，比如伯恩斯坦（短线交易大师）、比尔·威廉姆（混沌交易大师）等，太多了，实在无法一一述及。

那么，从抽象的角度来讲，我们为什么要迈向系统交易和机械交易的道路呢？请让我们给出几条显而易见的理由吧。

第一，人的认知和行为极易受到市场和参与群体的影响，当你处于其中超过 5 分钟时，你将受到环境的催眠，此后你的决策将受到非理性因素的影响，你的行为将被外界接管。而机械交易和系统交易可以极大地避免这种情况的发生。

第二，任何交易都是由行情分析和仓位管理构成的，其中涉及的不仅是进场，还涉及出场，而出场则涉及盈利状态下的出场和亏损状态下的出场，进场和出场之间还涉及加仓和减仓等问题。此外，上述操作还都涉及多次决策，在短线交易中更是如此。复杂和高频率的决策任务使得带有情绪且精力有限的人脑无法胜任。疲累和焦虑下的决策会导致失误，对此想必每个外汇和黄金短线客都是深有体会的。系统交易和机械交易可以流程化地反复管理这些过程，省去了不少人力成本。

　　第三，人的决策行为随意性较强，更为重要的是每次交易中使用的策略都有某种程度上的不一致，这使得绩效很难评价，因为不清楚 N 次交易中特定因素的作用到底如何。由于交易绩效很难评价，所以也就谈不上提高。这也是国内很多炒股者十年无长进的根本原因。任何交易技术和策略的评价都要基于足够多的交易样本，而随意决策下的交易则无法做到这一点，因为每次交易其实都运用了存在某些差异的策略，样本实际上来自不同的总体，无法用于统计分析。而机械交易和系统交易由于每次使用的策略一致，这样得到的样本也能用于绩效统计，所以很快就能发现问题。比如，一个交易者很可能在 1，2，3，…，21 次交易中，混杂使用了 A、B、C、D 四种策略，21 次交易下来，他无法对四种策略的效率做出有效评价，因为这 21 次交易中四种策略的使用程度并不一致。而机械交易和系统交易则完全可以解决这一问题。所以，要想客观评价交易策略的绩效，更快提高交易水平，应该以系统交易和机械交易为原则。

　　第四，目前金融市场飞速发展，股票、外汇、黄金、商品期货、股指期货、利率期货，还有期权等品种不断翻出新花样，这使得交易机会大量涌现，如果仅仅依靠人的随机决策能力来把握市场机会无异于杯水车薪。而且大型基金的不断涌现，使得单靠基金经理临场判断的压力和风险大大提高。机械交易和系统交易借助编程技术"上位"已成为这个时代的既定趋势。况且，期权类衍生品根本离不开系统交易和机械交易，因为其中牵涉大量的数理模型运用，靠人工是应付不了的。

　　中国人相信人脑胜过电脑，这绝对没有错，但也不完全对。毕竟人脑的功能在于创造性解决新问题，而且人脑的特点还在于容易受到情绪和最近经验的影响。在现代的金融交易中，交易者的主要作用不是盯盘和执行交易，这些都是交易系统的责任，交易者的主要作用是设计交易系统，定期统计交易系统的绩效，并做出改进。这一流程利用了人的创造性和机器的一致性。交易者的成功，离不开灵机一动，也离不开严守纪律。当交易者参与交易执行时，纪律成了最大问题；当既有交易系统让后来者放弃思考时，创新成了最大问题。但是，如果让交易者和交易系统各司其职，则需要的仅仅是从市场中提取利润！

　　作为内地最早倡导机械交易和系统交易的理念提供商（Trading Ideas Provider），希望我们策划出版的书籍能够为你带来最快的进步。当然，金融市场没有白拿的利润，长期的生存不可能夹杂任何的侥幸，请一定努力！高超的技能、完善的心智、卓越的眼光、坚韧的意志、广博的知识，这些都是一个至高无上的交易者应该具备的素质。请允许我们助你跻身于这个世纪最伟大的交易者行列！

Introduction Secret to Become a Great Trader!

◇ Greatness does not derive from mere luck!

◇ The reason that an ordinary man fails is that he hopes to achieve different outcome using the same old way!

◇ There would not be so plenty fake truths if it was an easy thing to distinguish correct sayings from incorrect ones.

Financial trading is the freest occupation in the world, for every trader can develop a set of profit –making methods tailored exclusively for himself. There are various specific methods of soliciting money from market; while this is the very reason that why financial market is so fascinating. However, just like the ever-changing world is indeed dictated by a few rules, the only "Holy Grail" is worshipped by numerous great traders as well. In the following, we will examine the greatest representatives among them one by one.

As a representative of Techincal Trading, Richard Dannis is known worldwide. He has accumulated a profit as staggering as 1 billion dollar while the cost was merely 2000 bucks! He has been a trader for more than a decade. The inspiring thing about him is that he conducted commodity futures trading with a technical analysis method which in essence is price acting as the core of such analysis. Never the less, the greatness of Richard Dannis is far beyond this which is like the greatness of Alexander was more than the great empire across both Europe and Asia built by him. Thanks to his "Turtle Plan", 6 out of the world top 10 CTA fund managers are his adherents. And the Turtle Trading Method is frantically well-known ever since for a couple of decades. Today in mainland China, a storm of "Turtle Trading Method" is sweeping across the entire country. The core of Turtle Trading Method lies in two factors: first, the philosophy of trendy trading implied in "Weeks' Rules"; second, the philosophy of mechanical trading and systematic trading implied in fund manage-

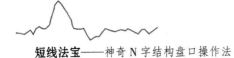

ment and risk control. The so-called "Weeks' Rules" can be simplified as simples rules that going long at high and short at low within N weeks since price breakthrough. While Trading as breaking illustrates trend following trading. If we go deeper, we will find that "Weeks' Rules" is a trading system in nature. It tells us the principle of systematic trading and the principle of mechanical trading. Well, let's just put these two principles aside and look at some amazing facts in the first place.

The greatest representatives of fundamental investment and speculation are undoubtedly Warren Buffett and George Soros. The former claimed the title of richest man in the world in 2007 again. You can imagine how powerful he is; the latter is accredited as "the only civilian who has independent diplomatic policies in the world". The two masters win these glamorous titles because of their possession of enormous wealth. In essence, it is due to unparalleled financial trading that makes them admired by the whole world. Fresh with his feet in the field of investment, Buffett was regarded by the guru of Information Theory as the richest man in the future world for this guru considered that the practice by Buffett of Probability Theory is unparallel by anyone; Buffett' wife even made his investment secrets public. It is not hard to see that the trading system of Buffett is really powerful that even those technical speculators famous for quantity theory have to bow before him. Buffet said himself that 85% of his ideas are inherited from Benjamin Graham who is a representative of investing in a accountant's actuarial method which requires probability and systematic thinking. The interesting thing is that Buffett is a good player of bridge and his partner is Bill Gates! Playing bridge requires mentality of strict probability which is systematic thinking, no wonder that Buffett conquered the guru of Information Theory on bridge table and then conquered the whole financial world. From these facts we can see that even in his early plays of bridge, Buffett had shown his ambition to become king of the financial world.

Soros has written a large bucket of books among which the most famous is *The Alchemy of Finance*. In this book he tried to build a system of speculation. His teachers are Karl Popper and Hayek. The two thought that human perception has some inherent flaws, so their students Soros consequently deems that emotion and limited rationality lead to "Boom and Burst Cycles" of market; while if a man wants to become a great trader, he must overcome influences of such flaws and furthermore take advantage of them. Soros tried to build a systematic framework for trading based on economic ideas of Hayek and philosophic thoughts of

Karl Popper. Reflexivity is the very core of this system.

I may still tell you so many financial gurus taking systematic trading and mechanical trading as their principles, for instance, Bernstein (master of short line trading), Bill Williams (master of Chaos Trading), etc. Too many. Let's just forget about them.

Well, from the abstract perspective, why shall we take the road to systematic trading and mechanical trading? Please let me show you some very obvious reasons.

First, A man's perception and action are easily affected by market and participating groups. When you are staying in market or a group for more than 5 minutes, you will be hypnotized by ambient setting and ever since that your decisions will be affected by irrational elements.

Second, Any trading is composed of situation analysis and account management. It involves not only entrance but exit which may be either exit at profit or exit at a loss, and there are problems such as selling out and buying in. All these require multiple decision-makings, particularly in short line trading. Complicated and frequent decision-making is beyond the average brain of emotional and busy people. I bet every short line player of forex or gold knows it well that decision-making in fatigue and anxiety usually leads to failure. Well, systematic trading and machanical trading are able to manage these procedures repeatedly in a process and thus can save lots of time and energy.

Third, People make decisions in a quite casual manner. A more important factor is that people use different strategies in varying degrees in trading. This makes it difficult to evaluate the performance of such trading because in that way you will not know how much a specific factor plays in the N tradings. And the player can not improve his skills consequently. This is the very reason that many domestic retail investors make no progress at all for many years. Evaluation of trading techniques and strategies shall be based on plenty enough trading samples while it's simply impossible for tradings casually made for every trading adopts a variant strategy and samples accordingly derive from a different totality which can not be used for calculating and analysis. On the contrary, systematic trading and mechanical trading adopt the same strategy every time so they have applicable samples for performance evaluation and it's easier to pinpoint problems, for instance, a player may in first, second...twenty –first tradings used strategies A, B, C, D. He himself could not make effective evaluation of each strategy for he used them in varying degrees in these tradings,

but systematic trading and mechanical trading can shoot this trouble completely. Therefore, if you want to evaluate your trading strategies rationally and make quicker progress, you have to take systematic trading and mechanical trading as principles.

Fourth, Currently the financial market is developing at a staggering speed. Stock, forex, gold, commodity, index futures, interest rate futures, options, etc., everything new is coming out. So many opportunities! Well, if we just rely on human mind in grasping these opportunities, it is absolutely not enough. The emergence of large-scale funds makes the risk of personal judgment of fund managers pretty high. Take it easy, anyway, because we now have mechanical trading and systematic trading which has become an irrevocable trend of this age. Furthermore, derivatives such as options can not live without systematic trading and mechanical trading for it involves usage of large amount of mathematic and physical models which are simply beyond the reach of human strength.

Chinese people believe that human mind is superior to computer. Well, this is not wrong, but it is not completely right either. The greatness of human mind is its creativity; while its weakness is that it's vulnerable to emotion and past experiences. In modern financial trading, the main function of a trader is not looking at the board and executing deals—these are the responsibilities of the trading system—instead, his main function is to design the trading system and examine the performance of it and make according improvements. This process unifies human creativity and mechanical uniformity. The success of a trader is derived from tow factors: smart idea and discipline. When the trader is executing deals, discipline becomes a problem; when existing trading system makes newcomers give up thinking, creativity becomes dead. If, we let the trader and the trading system do their respective jobs well, what we need to do is soliciting profit from market only!

As the earliest Trading Ideas Provider who advocates mechanical trading and systematic trading in the mainland, we hope that our books will bring real progress to you. Of course, there is no free lunch. Long-term existence does not merely rely on luck. Please make some efforts! Superb skill, perfect mind, excellent eyesight, strong will, rich knowledge—all these are merits that a great trader shall have to command. Finally, please allow us to help you squeeze into the queue of the greatest traders of this century!

第三版序
龙头股的形与神：题材与 N 字结构

在 A 股市场中，小资金要想快速成长起来必须重视游资的动向。游资引发市场合力，造就了"黑马龙头股"。

我们将龙头股分为两大类：第一类是机构票，也就是长时间领涨板块的白马股，戏称为"白龙马"或者"白马龙头股"；第二类是游资票，也就是短时间内大幅领涨板块的黑马股，戏称为"黑龙马"或者"黑马龙头股"。"黑龙马"技术走势上以频繁或者连续涨停为特征，而"白龙马"技术走势上则以沿着重要均线逐步上涨为特征。

价值投资瞄准的是"白龙马"，题材投机瞄准的是"黑龙马"。本书着眼于投机，必然是围绕着题材和游资展开的。借着本书第三版的机会，我们想谈一些与龙头股、游资、题材和股市根本结构有关的心髓。

首先，题材的性质与 N 字有什么关系呢？向上 N 字体现了市场运动的"三段论"：第一波上涨，第二波回调，第三波上涨突破。第二波调整往往开始于一次性利多题材的兑现，短线获利资金出场了，或者与短期看涨情绪过于一致有关。

第二波调整往往结束于一次性利空兑现或者是情绪从分歧转一致，地量、看涨反转形态和震荡指标超卖金叉是主要特征。第二波的回调幅度除了从题材性质、成交量、K 线形态以及震荡指标来判断之外，还可以结合斐波那契回调点位，这就是《高抛低吸》一书演示的主要工具。

向上 N 字结构第三波能够形成，也就是之所以价格能够突破往往与持续利多题材有关。业绩和"连续剧式利多题材"是突破的关键。题材的影响力和生命力、想象空间、新颖程度、题材涉及的政策级别、有无业绩和机构加持等，都是判断题材持续性的关键要点。

其次，在把握龙头股的过程中，我们要深刻理解日线走势上的 N 字结构与题材的性质。这是选股的要点之一，临盘时我们要判断是否出现"超预期"，弱转强就是一种

超预期。而分时或者高位反包都是弱转强的具体形式，其中也体现了向上 N 字结构。

黑马龙头股究竟是怎么形成的呢？持续性利多与资金合力相辅相成。游资做股讲求"乘势、借力、当机"，板块因为持续性利多题材而出现赚钱效应，游资点火，散户聚集，龙头因而出现。

简而言之，龙头股与持续性利多有关；龙头股与资金合力有关，得散户者得天下，换手才能持续走强，N 字有助于健康换手。烂板出龙头，爆量才能持续走强，充分换手才能飞升。一字板由于换手不充分，有人吃独食，一旦开板没有大资金高位换手接龙，则容易遭受"核按钮"，遭遇连续跌停闷杀。

最后，我们来看一个实例。这是 2019 年末的一只龙头股——漫步者（见图 0-1）。无线耳机概念板块因为业绩空间持续被看好，这是一个新概念，与新科技也有关系，而且有业绩，也得到了电子消费行业知名分析师推荐。整个上涨中存在许多 N 字，以最大的一个 N 字结构为例可以看到符合"斐波那契四度操作法"的特征：回调 0.382 黄金幅度后见到地量止跌、出现看涨吞没、KD 低位金叉等。

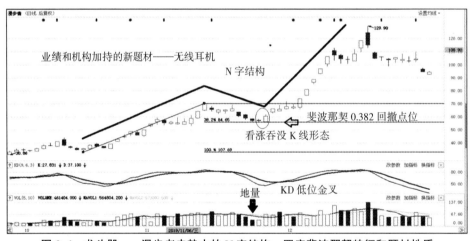

图 0-1　龙头股——漫步者走势中的 N 字结构、四度斐波那契特征和题材性质

上面这个例子简单地将《题材投机》《短线法宝》以及《高抛低吸》的方法综合了起来。当然，如果能够结合龙虎榜、公告、催化剂、驱动逻辑、盘口异动、筹码、L2、集合竞价、赚钱效应和板块轮动来分析则效力将加倍。

魏强斌　何江涛

2020 年 1 月 18 日于马尔代夫北部环礁

第二版序
超越技术之道：我们的股票短线交易的技术框架

《短线法宝》的第一版是 2010 年出版的，那时还有很多东西没有写出来，现在趁着再版的机会把绝大多数心得都毫无保留地写出来。在交易第一线战斗已经十多年了，遇见了很多高手，但不入门的人占了绝大多数。在交易的路上南辕北辙的人都有一个共同特点，那就是"不识货"，真正有底气的高手何必怕你学了去呢？真本事不怕你学，说实话如果你的历练不够，就学不到真东西。真正的有心人自然会学到一些"早该"学到的东西。《短线法宝》讲的东西很简单，但是这是一个让你短线落地的工具。为什么很多人看了很多技术分析的书籍，看了很多做短线的书籍，却下不了手呢？书上讲得太多，但是要落实到进场和出场，落实到具体的执行上却不知道如何去做。太多的行情判断经验和规则让我们无所适从，但是从理论到实践最关键的一步是如何开头。看涨形态太多，见顶形态太多，记都记不过来，更不用说用出来。本书是基于实战经验的化繁为简之作，如果说《股票短线交易的 24 堂精品课》是力图让你拥有系统思维的话，那么这本书就是让你有霹雳手法。系统的思维固然非常重要，但是如果你总是畏首畏尾，胸中诗书万卷，下笔却写不出半句来，那又有什么意义呢？

《短线法宝》就是落地之作，让你能够将系统的思维着力于一点上运用，随着你的实践和完善，再从这一点发散开去、丰富开去，这一招背后你会发现很多内涵。全身之力，聚集于一拳而出，这全身之力源于《股票短线交易的 24 堂精品课》，这一拳就是《短线法宝》。本书属于术的层面，却承载了道的精神。术落实到技术分析层面，落实到具体的进场点和出场点，最终我们要超越这一简单的术，但是没有这一载体，没有术，哪里又会得道呢？

我们的股票短线交易技术框架建立在两大理论基础上，一是 N 字结构理论，这是《短线法宝》讲授的内容；二是斐波那契四度理论，这是《高抛低吸》讲授的内容。斐波那契四度理论并不是简单地用斐波那契点位预测价格目标，还需要结合其他一些因素，特别是 K 线形态。仅有技术还不行，还需要灵魂，这就是《题材投机》这本书传授的内容。A 股任何短线技术最终都要由"题材"来统率。要用好技术，要抓住热点题材需要系统的思维，这就是《股票短线交易的 24 堂精品课》涉及的课程，要分析大盘、板块以及个股，要涉及驱动层面、心理层面和行为层面。

易学的运用讲求"象、数、理"兼容，我们的股票短线交易课程体系恰好也体现了这样的兼容（见图 0-2），《短线法宝》主要围绕 N 字结构展开，这个就是市场的"大象"，也是市场的微观之象，N 字结构是一个全息的市场结构，任何时间框架皆可见到，贯穿所有价格运动。所以，《短线法宝》讲的是我们这个体系中"象"的方面。

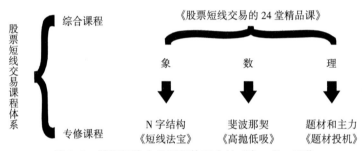

图 0-2　股票短线交易课程体系中的"象、数、理"

《高抛低吸》主要围绕斐波那契技术展开，斐波那契比率市场中各种运动的数学关系，任何波浪与其他波浪之间存在的比率关系几乎都可以经由斐波那契比率来度量。高抛低吸的说法有点"庸俗"，虽然不能免俗，但是我们还是觉得这个标题很好地体现了斐波那契比率的意义，那就是预测局部甚至全局转折点。所以，《高抛低吸》传授的主要是我们这个课程中"数"的这部分内容。

市场的运动是一种现象，无论是形态还是比率都是一种现象，驱动这种现象的原因是什么呢？对于个股而言，就是题材和主力，《题材投机》这门课程就是围绕"题材"和"主力"两个关键因素展开的。易学的根本在于"理"，象和数都是理的载体。在我们的股票短线交易体系中，形态和比率都是载体，主导它们的不是鬼神，而是具体的题材和主力。题材提供一个格局，主力借用和运作这个格局。所以，《题材投机》讲的是行情的灵魂，讲的是"理"，"理"统辖了形态和比率。但是，离开了技术形态和比率，"理"是无法去把握的，离开了价格的运动，盈亏也无从谈起。

我们还可以从另外一个角度来理解我们的课程体系（见图 0-3），市场分为三个层次：大盘、板块和个股。做股票短线，你必须综合考虑这三个层次的动向，这是《股票短线交易的 24 堂精品课》着重传授的技能范畴。任何市场运动都是由驱动因素通过心

理因素引起的，最终体现为行为因素。《题材投机》着重讲授了"驱动分析"和"心理分析"的内容，也就是"题材"和"主力"。就个股而言，"驱动分析"的核心是"题材"，而"心理分析"的核心是"主力"。《短线法宝》和《高抛低吸》则着重讲授了"行为分析"的内容。

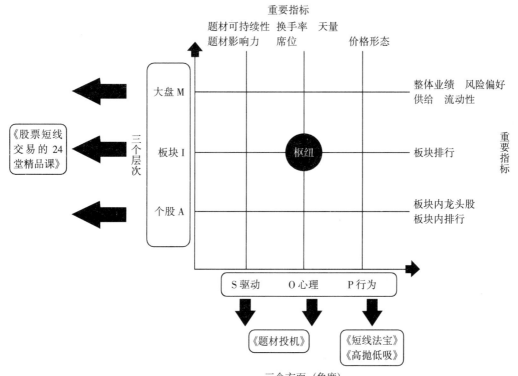

图 0-3　股票短线交易体系中的三个层次与三个方面（角度）

技术之道是什么？就是"N 字结构"和"斐波那契比率"，如何超越技术之道？那就是要结合"题材"和"主力"去理解价格运动。要从大盘、板块和个股的角度去理解价格运动，这就是超越技术之道。然而，对于入门者而言，对于"饱读诗书者"而言，怎么入手呢？还是先从最容易落地的进出场入手去实践和反思，这就是本门课程传授的内容。

魏强斌　何江涛

2016 年 1 月 28 日

前言 8天落地，助你成为短线赢家

——神奇N字结构盘口操作法

短线往往是交易策略中最令人神往的一部分，也是绝大多数交易者内心的真正诉求，但现实却表明绝大多数人的选择往往是错误的，因为市场要维持其运作就必须让绝大多数人处于实质的亏损状态。短线是最不容易从事的交易策略，它对交易者的技能水平要求最高，对交易者的心理素质要求最高，你不能去赌气从事哪怕一次交易，因为短线交易的彻底失败往往就开始于这唯一的一次赌气交易。

短线交易的要素在我看来与其他交易策略大体一致，这就是"势、位、态"三要素的全面把握加上符合凯利公式原理的仓位管理策略。短线交易的失败肯定是违背了上述策略中的某一项甚至所有项，上述这四个要素（"势、位、态"分析策略＋恰当的仓位管理策略）是短线交易所必需的，如果你还想进一步提高自己的交易绩效，则必须对所谓的"揣摩市场心理"有刻苦的修炼。所谓"知己知彼，百战不殆；知天知地，胜乃不穷"强调的就是一个所谓的"信息不对称优势"，最重要之处体现在仓位的管理上，这就是"兵力节约原理"，或者说"力量集中原理"（"效力最大化原理"），也就是"避实击虚"的"上善若水之道"。

短线交易除了上述这四个要素，还需要在策略本身的效率上下功夫。如果策略过于复杂，则很难真正驾驭市场的瞬息万变。市面上不少所谓的股票短线策略，或者权证短线策略都忽略了一个事实，那就是形态是多变的，如果跟着形态走，那么每天我都可以总结好几个形态，虽然谈不上普遍，但是每天总能在某只股票上牵强附会地找到它。但是，这样去总结有什么意义呢？这好比机械交易中的"曲线拟合"，最终你可以总结出上万种形态，交易者总结出来的许多形态都很难真正地被定义，其效果也很难被证伪。这样的总结最终对于交易绩效的提高是毫无用处的，但是国内还有不少股票和权证炒家在这样去努力，绝大多数股票短线书籍也是这样去展开的，这就是"中国股市之怪现状"！大家都在没有太大用处的方向上去努力。当然，我并不是反对介绍一些传统的形态，毕竟一个真正优秀的股票炒家必须对历史遗产进行批判和吸收，不经历这个过程，则很难有真正的提高和突破。但是，绝不能止步于此，甚至认为真正盈利是靠这些东西。绝对不是！

本书是"顶级交易员股票短线交易系列课程"之一，出版这一系列图书的目的是将我们多年所学、所用的属于创新的部分经验尽量毫无保留地与大家分享，这些技术的第一要求是有效，第二要求是简洁，第三要求是具有普遍性和一致性。关于普遍性和一致性，这是目前炒股策略所缺乏的，许多所谓的以形态见长的书籍，往往谈不上策略，谈不上普遍性和一致性，它们之所以受到追捧的主要原因有两个：第一，抓住大家追求必涨形态的心理倾向；第二，书中的内容永远是不可验证的，也就是说你无法在交易中验证其是否真的有效，因为它们的存在条件过于模糊或者严格，你要么不能确定某一现实走势是不是这一形态，要么根本找不到符合这么严格条件的现实形态。

本书介绍的"神奇 N 字结构盘口操作法"力图介绍一个最简单、最有效、可以验证的短线"出入市策略"。记住，不单单是什么时候入场的问题，还有什么时候出场的问题，出场是"中国炒家的软肋"，为什么会这样？那是因为现在中文的股票短线书籍基本不谈出场，即使谈到也是"锦上添花"而已，这种做法使得绝大多数中国股民进退毫无章法可言，在他们看来只要买对了股票，出场和进场这些玩意儿又有多大意义呢？但是，现在问题的关键是他们往往找不对股票，这就使得出场和进场显得十分重要，重要到什么程度，如果说资金是炒家的生命，那么可以用"生死存亡"来形容。

要准确地定义交易的进场和出场，则必须基于市场的根本结构，至少应该是普遍结构。如果你基于的是特殊结构，甚至只有少数几只股票在一年少数几天才出现一次的短线交易结构，那么对于我们这些短线炒家有何意义呢？找到市场根本结构，寻找结构中近乎确定性的性质，这就是短线炒家与其他交易者应该努力的方向，本书的策略也正是基于这个出发点展开的。找到了市场的根本结构，你就找到了以不变应万变的圭臬。

炒股不是一门匠艺，而是博弈，这是绝大多数炒家稀里糊涂地炒了十几年股也没有了解的真相，特别是短线交易更是如此。为什么说是博弈而不是匠艺呢？所谓匠艺，就是你按照权威的教程去磨炼自然就能有所成就，前人的路可以提供极大的参考，你甚至可以不求上进，不用去创新，你也能成为一个不错的园艺师或者是雕塑家。但是博弈不是这样的，它更像下棋和战争，如果你所面对的不是一个不变的客体，而是一个会影响你的对象，就像下棋你不能仅仅考虑自己怎么走，你还要考虑对方怎么走，考虑对方在考虑你怎么走，考虑对方在考虑你怎么考虑……这就是博弈。炒股的时候，

你需要观察参与大众的表现，观察市场主力的表现，他们的想法和他们的行动，你做到了吗？如果你仅仅以为通过摆弄几个技术指标和自动买卖信号就能看穿对手的底牌，那么你真的是太天真了，如果真的有这样的交易系统，那么我们完全可以让战争假手于某些机械的程序和指标了，我们不用去搞清楚敌人的想法，只要根据指标调兵遣将即可，这是多么荒谬的想法啊。要搞清楚股市主要参与群体的想法和行动，就必须懂得"察言观色"，你需要通过各种媒体获取参与大众心理状态和炒作焦点的信息，**你不能从正面看待某些信息，也不能从反面看待某些信息，应该从侧面去看**。除了看消息，你还应该高度重视成交量，成交量的异常往往代表了市场大众和主力的典型活动，这是我们在本书要与大家一起分享的一个策略。

价格本身就是信息，但是绝不可能是包含和吸纳了一切的那种万能钥匙，这点是我们跟那些鬼话连篇的传统技术分析的区别。如果价格真能包含吸纳，那么纯技术交易者就能包揽全世界的财富了，事实并非如此，他们甚至连最富的一群人都算不上。所以，你没有必要完全相信传统的技术分析，你应该跳出来寻找真正有用的东西。也许，蜡烛线的某些形态是不错的信号，当然我们将其看作局部信号，而非全局信号。在本书中，我们会向你展示这些广为人知的形态不为人知的一面。

分时图和买卖档往往只为极少数交易者所重视，最近兴起了一股潮流——看盘，分时图在看盘技术中具有非常重要的地位，绝大多数股票炒家都应该去重视分时图和买卖档，显然大家都做得不够。正因为绝大多数交易者不重视分时图上的信息，这才使得这些信息的可靠性大为提高了。分时图有很多要素，但最为重要的东西也体现在某些形态上，这包括分时走势和成交量，以及买卖档挂单和成交明细等。

炒股不仅仅是一个买入的问题，还涉及出场问题，但这恰好是许多炒股者忽略的地方，我们会告诉你成功的短线变成长线的秘诀，这些东西也许可以将你的交易从高额手续费中解放出来。

很可能本书介绍的方法让你觉得股票短线买卖过于简单，但是这恰好是本书介绍的这套"神奇N字结构盘口操作法"的优势。虽然市面上许多看似过于简单而神奇的方法是无效的，但是我们这套在股票市场中进行短线买卖的方法确实是有效的。如果能将"斐波那契四度操作法"和"神奇N字结构盘口操作法"结合起来研判和操作，则可以做得更好，这就需要读者自己去琢磨和实践了，先用小资金尝试，成熟后再进行更大资金的磨合。"神奇N字结构盘口操作法"可以帮助你避免介入熊市下跌，同时也可以帮助你把握牛市的上涨，这是一套跟随为主的方法，与"斐波那契四度操作法"存在差异，但是两者也有一些共同点。

　　全书提出的"N 字结构盘口操作法"属于我们自己研发的金融交易系统，希望读者能够在实践和理论上升华这一理论体系，同时希望大家能够尊重我们的知识产权。

　　短线交易是没有止境的，这是因为短线交易不可能存在唯一的完美方法，我们这套短线大师系列丛书只是对大家在股票短线交易方面做一些有实际价值的指引。当你矢志不渝地在股票短线交易之道上奋进的时候，你就会获得应有的回报！当你经过本书的 8 天教育，就能具备一个短线股票交易者的基本素质，接下来需要的是有纪律地实践！短线高手总是一步一步地锻炼出来的，努力吧！

目　录

所谓的根本结构其实可以等价于"最稳定和确定的结构"。股价涨跌的具体情况不在你能力范围之内，也就是说你无法确定具体的情况，但是股价的根本结构可以帮助你在能力范围之内把握股价的短线走势，这就是在"不确定性的世界中寻找确定性的因素"。

股价的波动是由成交量导致的，股价的涨跌只是现象，成交量才是这个现象背后的直接本质和直接原因，想要忽视成交量去把握股价的运动，这是舍本逐末的做法。个股运动的把握，特别是短线轨迹把握往往不能忽视其中的交投情况和主力因素，主力可以在股价上隐藏自己的踪迹，但是绝不可能在成交量上隐藏自己的踪迹。

K 线本身并不能表明市场的趋势和位置，表明市场趋势的是价格的整体运动，而表明关键点位的往往是价格的高低点和成交密集区。这是 K 线的局限性所在。K 线反映的是局部信息，是一个确认局部状况的良好工具。只有明白了 K 线的"能力范围"才能恰当地使用它。

第四课　分时图 N 字结构——见微知著的庄家相术 ············· 089

对一个超级短线炒家而言，个股盘口信息的研判和解读能力标志着其看盘水平的高低，会直接影响其操盘的效果。对个股走势的盘口信息予以正确的破解，将使短线炒家能够通过大盘趋势和个股日内走势特征，看出多空双方力量的强弱转化，从而把握好个股短线炒卖的规律，这也是短线盈利尤其是超级短线制胜的一个关键因素。

第五课　短线高手只重量价——神奇 N 字结构盘口操作法 ········· 123

行情分析是短线买卖的基础，但是光有分析还远远不够，还需要在此基础上制定进场和出场的具体路线图，甚至对于加仓和减仓也应该有所谋划。行情的瞬息万变还要求我们能够针对两种以上的情况制定路线图，这就是股票短线炒卖的"情境规划"原理。

第六课　一切交易的王道：进出加减和仓位管理 ··············· 139

无论你从事股票短线买卖，还是中长线投资；无论你是在期货市场上驰骋，还是在货币市场上血战，涉及你最后盈亏成败的都是"进出加减"四个字。如果你不从这四个字入手，就很难得到真正的利润，你得到的只是观念上的满足和自尊上的虚幻优越感。

寻找股价走势的根本结构

几乎所有的股票炒家都围绕着技术分析展开自己的交易生涯，他们当中绝大多数人都是以技术指标为核心进行研习和实践，少部分人以成交量作为主要内容。但是，**很少有交易者能够真正步入短线炒股的真正殿堂**。为什么会这样呢？最为关键的原因在于他们往往不明白什么样的因素能够真正为自己所把握，什么样的因素是相对可靠的，什么样的工具能够帮助自己战胜市场的平均收益率。

无论是短线炒家杰西·利弗摩尔还是投资大师沃伦·巴菲特都因为一个共同的特点而成就了不朽的投资功绩，这就是在不确定的世界**中寻找确定性的因素**。如果你能够从这个角度去看待股票短线交易，那么你就能真正找到可以凭借的交易优势，本课的内容在于为你的短线交易提供永续哲学，这些哲学的价值超越了具体的方法和策略，它能保证你在瞬息万变的市场中与时俱进，不会因为具体方法的时效性而落后于超一流的短线绩效。

围绕技术指标去努力这是向外去寻找解决之道，这肯定是不够的，最重要的是向内去努力。不断分析过去的短线交易记录，同时分析自己，这样才能进步。

市场中确定性因素不多，应该说极少。我们能够把握的是重要的题材和根本的股价运动结构。

第一节　热门的技术无法盈利的原因

短线炒家面临很多诱惑和选择，这些诱惑来自于周边媒体和"专家"，这些诱惑具体体现为热门的短线策略和技术，这些热门技术经过认真地钻研之后并不能带来真正的盈利，但是绝大多数人并不会因此放弃这些技术。原因是什么呢？其实，这些热门技术本身暗藏玄机，这就是它们的规则本身存在很大的模糊性和模棱两可。**不少人即使在长期使用这些热门技术亏损之后，仍旧会采用这些技术。**他们往往认定是自己的操作还不符合技术规范，而不是去怀疑热门技术本身。热门技术之所以能够薪火相传，最为重要的原因在于它们本身的这种模糊性，或者说"不可证伪性"。

除此之外，热门技术的广泛传播还需要一个重要条件，这就是近乎理想的胜算率，我们也可以一般化地称之为成功率。大众对于交易成功次数的追求往往胜过了交易累计绩效本身，热门技术一般都具有**较高的胜算率或者被宣扬为具有较高的胜算率**。比如，很多操盘软件都宣称自己具有超过90%的胜算率，当它们这样宣传的时候，我就知道这样的软件最终是赚不了钱的，一听就是别有用心的内行对缺乏专业知识的外行的忽悠。

热门技术的传播往往需要"不可证伪性"和"高胜率"两个条件，但是这些热门技术恰恰不能带来盈利。原因有四个：第一，**模糊性带来了不可检验性，自然也就无法提高绩效**；第二，高胜率伴随着极低的风险报酬率，这使得交易的累计绩效最终倾向于负值；第三，技术的扩散导致技术带来的利润率迅速降低，技术的渗透率和有效率往往呈现反比；第四，利润率超高的策略往往具有非常具体的市场情形，这种情形具有阶段性和特殊性，在时间上很难持久，

药没有效绝大多数情况下并不是剂量不够，而是没有对症。

追求过高胜算率往往让我们不自信，让我们忽视自己的经验，让我们一味向往去寻找"秘诀"。

实践是检验真理的唯一标准，日志是最好的老师。一切理论知识都只是为了更好地帮助你接受这位老师的启发和教育。

在空间上不具有普遍性，也就是在时空上缺乏高度可靠性。下面，我们就从这四个角度具体解释"热门技术无法盈利的原因"。

第一，模糊性带来了不可检验性，自然也就无法提高绩效。不少炒股技术都缺乏可检验性。策略给予使用者一定的自行判断空间，这并没有什么错误。但是，如果模糊的空间过大则会影响到策略的可验证性。我们来看一个例子，这个例子是炒股界真实存在的，并非我们杜撰出来的。请看图1-1，这一交易规则是寻找MACD信号线没有完全跌破零轴这种情况，以此作为进场信号。这一进场规则的关键在于"没有完全跌破"如何定义和度量，可以看到图中A、B、C三点都可以看作是符合这一定义的，也可以看作是不符合的。当规则和定义不能为炒家清晰掌握时，就会导致炒家无法验证这一规则的真实有效性。一定的模糊性需要炒家具有相当的临盘经验，更为重要的是当模糊性过强的时候就会使得炒家被模糊策略本身所迷惑，从而陷入死胡同。当策略过于模糊的时候，不少炒家都会将亏损归结于自己没有掌握好这一策略，而不会怀疑是策略本身出了问题。策略的模糊导致了策略不可验证性，就如图1-1所示的例子，这时候你要做的就是降低策略的模糊性，只有这样你才能获得足够的策略可验证性，从而从实战反馈中获得改进策略和提高绩效的准确信息。市面上热门的技术通常具有非常大的模糊性，这使得受众无法有效验证其真实的交易绩效，这就使得那些迷信的受众在不断亏损之后仍旧相信技术本身没有问题，而是自己掌握不到位，**或者说是"心态不够好"**。

第二，高胜率伴随着极低的风险报酬率，这使得交易的累计绩效最终倾向于负值。绝大多数炒家追求的是极高的胜算率，或者是成功率，他们对平均盈利和平均亏损并不在乎，这与学校教育有很大的关系，特别是儒家文化圈更是如此，"不求有功，但求无过"是另一种表现形式。绝大多数炒家都惧怕亏损，因为高胜率成了他们理所当然的追求。这种倾向

还没有形成持续盈利系统的交易者不能奢谈心态问题，否则就会误入歧途。只有在具备了持续盈利策略的基础上才能讨论心态的优劣。否则，心态只不过是替罪羊而已，根本不是症结所在。

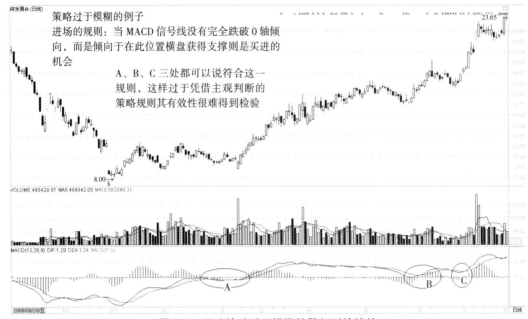

策略过于模糊的例子

进场的规则：当 MACD 信号线没有完全跌破 0 轴倾向，而是倾向于在此位置横盘获得支撑则是买进的机会

A、B、C 三处都可以说符合这一规则，这样过于凭借主观判断的策略规则其有效性很难得到检验

图 1-1 无法检验过于模糊炒股规则的绩效

在没有合理风险报酬率的前提下一味追求高胜率是危险的，其结果往往就是"截短利润，让亏损奔腾"。

什么样的格局采用什么样的策略，这是最理想的，实际执行起来却存在难度，为了减少误判带来的损失，止损是必须的。

得到了股票书籍、证券媒体和炒股软件商的迎合，强调胜算率是多么的高成了他们反复使用的"洗脑手段"，这种宣传强化了人们一味追求**高胜率的动机**。所有的技术指标可以分为两类：震荡指标和趋势指标；所有的交易策略也可以分为两类：高抛低吸交易策略和顺势而为交易策略。**高抛低吸策略往往采用震荡指标，而顺势而为策略往往采用趋势指标。** 绝大多数炒家，特别是初学者倾向于利用震荡指标和相应的策略进行交易，因为这类策略的胜算率很高，如图 1-2 所示。利用震荡指标的超卖和超买信号分别进行做多和做空可以取得很高的胜算率，但是单笔盈利都很少，而单笔亏损一般却非常大。利用趋势指标，比如移动平均线的金叉和死叉分别进行做多和做空，其胜算率非常低，但是单笔亏损都很小，而单笔盈利却很大，往往可以获得"本垒打"的效果。热门技术往往倾向于高抛低吸，以便获得一个非常高的胜率，其结果可想而知，往往是风险报酬率极其差，但是这并不要紧，因为大众就喜欢这样的高胜率低报酬率策略。

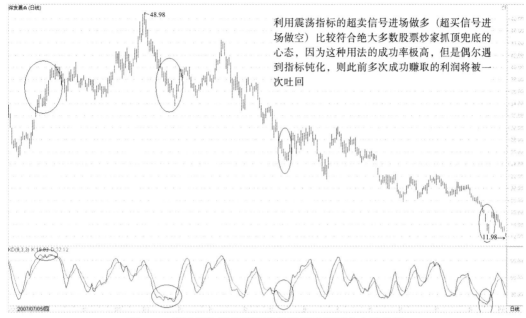

利用震荡指标的超卖信号进场做多（超买信号进场做空）比较符合绝大多数股票炒家抓顶兜底的心态，因为这种用法的成功率极高，但是偶尔遇到指标钝化，则此前多次成功赚取的利润将被一次吐回

图 1-2　高胜率和低报酬率的炒股策略最受大众的追捧

　　第三，技术的扩散导致技术带来的利润率迅速降低，技术的渗透率和有效率往往成反比。**真正有效的技术一定不是市场中主流的技术，当一种炒股方略得到绝大多数炒家的青睐时，其效率估计也已经下降到了最低点。**金融市场是少数人赚钱的市场，是绝大多数人亏钱的市场，**金融市场绝不会容许一种能够为绝大多数参与者带来持续盈利的技术存在。**杰西·利弗摩尔是投机客的祖师爷之一，他的手法现在仍旧受青睐。他的某些资金管理策略仍旧具有很高的现实意义，对交易心理他也有很深的洞见，但是他的具体手法已经在很多市场上被广泛采纳，比如突破而作。请看图 1-3，在股市中，所谓突破而作往往是指当突破前高时买入股票。当行情走到 B 点时，A 就是最近的前高价位，股价在此虚晃一枪后下落，这是一次虚假的突破。此后的 C 处则出现了更多的虚假突破。市场走势特征的变化逐步削弱了传统突破而作交易策略的效果。当然，我们这里不是否认突破而作的实战价值，**只是让大家注意到传统的突破而作策略效率在逐步降低。**多年前的外汇市场就比现在更适合突破而作进场策略，这也是由于该

　　有效的技术一定是系统的技术，有效与复杂却往往不相关。

　　零和游戏决定了我们想要赢必须具备别人所没有的竞争优势。

　　上涨必然突破，但是突破未必上涨。要对突破进行必要的过滤，这个往往要看题材的可持续性和主力的动向。

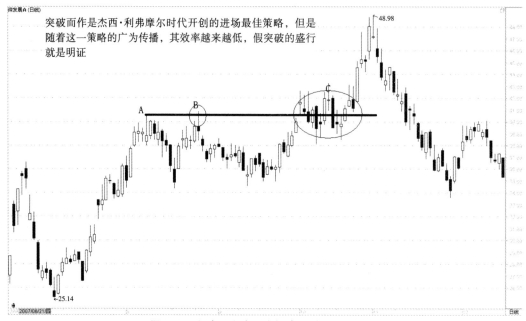

突破而作是杰西·利弗摩尔时代开创的进场最佳策略，但是随着这一策略的广为传播，其效率越来越低，假突破的盛行就是明证

图 1-3 突破而作渗透率提高导致其效率降低

技术的广发传播降低了其有效率。

第四，利润率超高的策略往往具有非常具体的市场情形，这种情形具有阶段性和特殊性，在时间上很难持久，在空间上不具有普遍性，也就是在时空上缺乏高度可靠性。当一些炒家对市场有深入感受之后，他们往往会总结出一些准确率极高的技术，这些技术往往基于非常具体的统计特征。这些特征往往不是市场中普遍和持久的因素，而是因为特定的市场运营规则和基本面情况造成的。如图 1-4 所示，有某位短线炒家总结出一个规律：将开盘后 9：30、10：00 和 10：30三个时点的价位连接起来，看是向下排列还是向上排列，如果是向上排列则今天往往收阳线，如果是向下排列则今天往往收阴线。这个规律基本是在特定的股市阶段中才有效——**在牛市或者熊市有效，在震荡走势中则无效。**部分热门技术往往基于特定的行情阶段，随着市场阶段变化，这类技术马上变得无效，甚至带来大额亏损。时下很多畅销股票书籍介绍的技术基本都是在牛市中有用，在熊市和震荡市中是无效的策略，书中往往也举的是牛市的例子，所以得到了受众的

行情的性质决定了工具的有效性，在牛市中再烂的技术分析配合恰当的仓位管理也能够赚钱。

追捧，但是到了真正的熊市很快就"原形毕露"了。

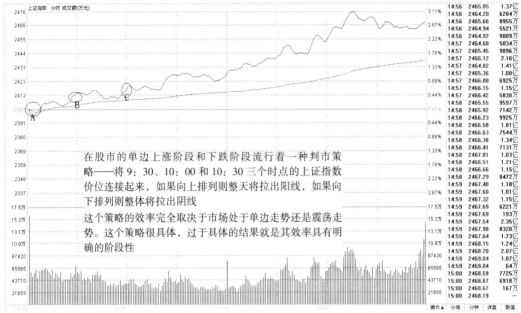

在股市的单边上涨阶段和下跌阶段流行着一种判市策略——将 9：30、10：00 和 10：30 三个时点的上证指数价位连接起来，如果向上排列则整天将拉出阳线，如果向下排列则整体将拉出阴线

这个策略的效率完全取决于市场处于单边走势还是震荡走势。这个策略很具体，过于具体的结果就是其效率具有明确的阶段性

图1-4 基于特定交易品种和情况的策略效果具有时效性

热门的技术不能带来持续盈利，注意"持续"二字，这往往是股市中绝大多数炒家所忽视的。很多重要的因素导致了热门技术不能持续盈利，上面列出了其中的一部分，你需要从本小节掌握的一个关键观念涉及"规避大众热情"一项，如果你能牢记这一训诫，则你可以在短线炒卖中无往不胜。

技术手段是针对现象进行研究，而非本质，而现象是无常，因此单从现象入手而不关注本质，同时忽略了仓位管理，那么在遇到不配合的行情时必然翻船。

第二节　巴菲特成功之道：在不确定性的世界中寻找确定性的因素

绝大多数交易者（包括投机者和投资者）都力图克服不确定性带来的危险，但是他们试图将所有的不确定性转为确定性，这种做法超越了人类的能力范围。正确的做法应该是力图厘清什么是确定的，什么是不确定的，然后在考虑不确

现象层面比较确定的因素就是根本的价格结构，如果能够加上本质层面和仓位管理，那么持续赚钱是必然的。

定性带来风险的同时，**重点关注那些确定性（或者说相对确定）的因素**。

巴菲特作为一个投资类交易者，他深通此道。他的操作基本符合"在不确定性世界中寻找确定性因素"这一原则。巴菲特的所有行为都是与众不同的，一个特立独行者不停地让投资界，甚至整个人类社会为其惊叹。有人算过，如果再让巴菲特多活 20 年，整个美国的公司都会被他兼并，因为他一直以 24% 的复合增长率在增加其财富，似乎从来没有因为资金庞大而找不到投资对象。那些触角伸向全世界每个家庭的美国上市公司很多都有巴菲特资金的影子，比如宝洁、可口可乐、吉列、耐克。可以说全世界的人都在通过某一产品与巴菲特的投资思想接触。

曾经有一对夫妇在 20 世纪 60 年代向巴菲特投资了 5 万美元，到他们 1997 年先后去世时，5 万美元已经变成了 7.5 亿美元。这对夫妇的事件出现在了当时所有美国大报的头版头条。

这就是巴菲特的魅力。巴菲特的投资纪是著名的投资人当中持续时间最长，更为重要的是他的投资业绩是无可匹敌的，即使彼得·林奇这样的后起之秀也难望其项背，因为所有的投资者都没有巴菲特挣得如此多的利润。

实体经济中要想赚取超额利润，要想生存下来，要想发展壮大，必须具有持续的竞争优势。虚拟经济中也是同样的道理，你要想生存下来，要想战胜对手盘，你就必须具有持续的竞争优势。

巴菲特如此伟大，作为全世界最伟大的投资者，他无愧于"股神"这个称号。巴菲特受益于格雷厄姆和菲利普·费雪两位投资思想家和实践先驱，他投资经验成熟后的投资总是寻找那些具有**持续竞争优势的公司**，据称他是第一个这样做的投资大师；他远离市场，而热衷于分析和观察公司，不仅查看财务报表，更为重要的是分析一些公司特征和收益前景；在买入股票时他恪守了格雷厄姆的"安全空间"理论。

我们这里着重介绍他"寻找具有持续竞争力公司"这一条。在最近 30 多年的进步中，巴菲特始终无法离开芒格因素。那么又是什么力量使得芒格如此具有心智上的力量呢？答案是**芒格的思维方式**，巴菲特的很多传记作家认为芒格具

系统的思维是短线赢家的法宝。

有一种"栅格理论"指导下的联系思维，他可以通过纵横交错的理论，从不同维度观察同一问题。芒格是一个点子非常多的人，在转瞬之间很多想法就会涌上心头，同时他又是一个知道从各个角度相互验证的谨慎之人。芒格通过不同的学科和理论去看同一个问题，这样可以得到更为全面和准确的看法，同时他还会**假定结论存在错误，然后去完善结论**。交叉验证和假定错误，这两种思维习惯让芒格在第一次与巴菲特会面时，就把巴菲特折服了。巴菲特认为芒格虽然没有受到过投资的系统训练，但却是一个天生的好手。从这里来看，芒格与索罗斯特别相似，与罗杰斯也有类似的地方，这三个人都是系统思维和统合分析的行家里手，惯于在不同角度和维度观察同一事物，用通俗的话来讲是"跨学科"观察者。

当你准备介入某只股票的时候，你应该想想那些不看好这只股票的人，你的对手盘们，他们是怎么想的。假设他们是对的，你是错的，然后去完善你的分析。

芒格与巴菲特一样对知识有着天生的饥渴综合征，但是芒格的学习范围远远超过了巴菲特，巴菲特集中精力于投资学问，甚至在早年局限于证券投资。而芒格则横跨多个学科，只要他认为有用的知识他都会如饥似渴地掌握。在知识掌握的宽度上巴菲特远远逊于芒格，但是两人在知识积累上却有惊人一致的目的，那就是运用，带来收益。芒格的阅读范围横跨金融、经济一直到心理学、历史学等诸多人文学科，甚至自然学科。他在阅读的过程中逐渐找到相互之间的联系，然后以此建立起他的观察和思考框架，一些毫不相关的知识和理论被他整合起来以备运用，这就好像横竖交错的栅格一样。芒格通过数学、生物学、经济学、心理学等有机结合构成了他的栅格理论。这个理论成为他观察周边一切的框架，也是他据此制定决策的准绳。从这里可以看到芒格已经成了巴菲特源源不断的知识来源，可以解答巴菲特面临的诸多挑战，**巴菲特负责提出问题，而芒格则负责解答问题**，然后两人再去实践，验证这个答案是否正确。虽然巴菲特也有独立思考的能力，但是在面临新问题时，芒格成了地图提供者。巴菲特毫不吝啬地说："查理是地球上思维最敏捷的人。"

互补的搭档是最强大的对手盘。对于一般投机客而言，交易日志是最佳的搭档。

芒格认为在栅格理论中，心理学占据了首要地位。芒格

认为人的思维天生存在缺陷，这一点与卡尔·波普非常相似，所以芒格与索罗斯的相似又多了一点事实。通过芒格的影响，巴菲特认识到了自己认知能力的局限，这使得他非常重视能力范围的问题，最终成为他归纳出的一条智慧法则。通过芒格的影响，巴菲特意识到"市场性专利"，意识到"能力范围"，重新找到了适合自己集中投资习惯的投资风格，这就是费雪所传授的投资风格。**巴菲特通过查理·芒格完成了人生无数次飞跃和进步。**

"市场性专利"为投资的对象带来了某种确定性，而这种确定性也是交易者能够把握的，也就处在交易者的"能力范围"之内。市场性专利就是企业具备可以建立持续竞争优势的因素，比如区域内垄断，或者具有某些独有的技术或者商誉，这些东西在很长时间内都不太可能为竞争者获得，甚至根本不可能出现竞争者。拥有市场性专利的企业都拥有一个利基市场，也就是在此市场上，该企业具有某种统治力和排他性。市场性专利一词是由香港投资大师林森池先生根据 Franchise 意译过来的，有人翻译为特许经营权，但是这与其真正意义不那么贴切，甚至容易让人产生误解。其实，市场性专利就是一种经济商誉，也就是那些股权回报率长期超过平均水平的公司所具有的一种因素，巴菲特本人也对这一定义不那么准确，但是根据其年报和传记作家的解释，林森池先生用"市场性专利"一词来概括应该更加准确和易于掌握。

市场性专利分为两类，此前没有人这样细分，但是我们觉得要用好**"市场性专利"法则选股**就必须细化其类型。一家公司拥有法定之外的长期"垄断性"，一是拥有某些配方，比如可口可乐和五粮液；二是拥有某些地域垄断性，比如地方性报纸和旅游景点。

对于市场性专利是否在某家企业身上存在，需要从两方面进行考察：一是产业和企业运营的层面，可以根据直观感受和理论推理来判断一家公司是否拥有市场性专利；二是从企业的财务报表上判断一家公司是否具有市场性专利。第一

好的老师和经典的书籍能够启发你，而真正完成飞跃则要靠你向内去求索，日志是真正的良师益友。

N 字结构讲的是大多数飙升股和绝大多数上涨股的价格特征，可以看成是一个上涨股的必要条件，但是却并非充分条件。在 N 字结构的基础上挑选那些有题材，特别是多重题材的起涨个股则是真正的短线法宝。持续增长的业绩是最强劲的题材之一，而持续增长的业绩往往来自于市场性专利。

种途径是直接去找，而第二种途径则是根据一些表征来推断。两者要结合起来才能准确推断一家公司是否具有市场性专利。比如一家零售公司，其在某地区具有垄断性，但是其各类回报率并不看好，这时虽然从直观上看这家公司具有市场性专利，但是财务分析却并不支持这类看法，这时很可能是这家公司并不具有某种可以保障长期超额利润的因素，也就是根本不具有市场性专利。另外，如果一家公司在最近几年财务回报率不佳，但是却具有某种受人欢迎的饮料配方专利，通过深入研究发现该公司之所以最近几年回报率不佳主要是介入其他行业所导致的，目前该公司已经在回归主业了，那么这家公司应该是具有市场性专利的。

通过"市场性专利"法则可以找到那些收益持久高于市场平均水平的公司，但是长期持有一家这样的公司为什么可以带来如此丰厚的收益呢？秘密就在于**"复利原理"**。长期持有之所以具有丰厚的回报，是因为复利原理的存在。如果没有复利的存在，则利润的增长将是算术化的，而非指数化的。人类的预期通常是按照直线运行的，所以总是无法直观地看到指数化增长的无穷力量。

没有了复利原理，价值投资就是不中看不中用的东西，因为价值投资本来就没有短期交易那样花哨好看，如果又不能带来令人惊喜的长期获利则不光是不中看，连实际用处都没有了。巴菲特类型的价值投资通过寻找市场性专利公司，找到那些具有持久超额利润水平的公司，然后通过长期持有的"复利原理"获得了巨大的收益。

巴菲特的方法以"复利原理"法则为统辖，以"市场性专利"法则为核心建立起来。他的投资哲学大致是这样延伸开来的：为了积累大量财富，就必须利用"复利原理"，因为指数化增长快于算术增长。"复利原理"法则的具体运用要从两个方面入手：第一是延长投资期限，增大了复利的指数部分，要做到这一点一要"远离市场"，二要"集中投资"；第二是提高复利水平，这增大了复利的幂部分，要做到这一点

短线炒股高手其实也是受益于复利原理，从几年内几万元增长到上千万元资产的短线高手大有人在，他们依靠的就是复利原理。一个有竞争优势的炒作模式，重复去做，这就是复利。

最为关键的是要"集中投资"于拥有"市场性专利",而且在"能力范围"之内的企业。其实,通过了"市场性专利"筛选又处在"能力范围"之内的企业毕竟是少数,这又反过来促进了"集中投资"和长期投资。

那些持续保持竞争优势,能够持续带来高水平股权回报的企业就是不确定投资世界中的确定因素,巴菲特正是找到了这一因素而取得了巨大的成果。他是一位投资型的交易者,但是他的成功经验仍旧可以用到投机型交易者身上。那么,我们如何找到**不确定投机世界中的确定因素呢**?至少是更为确定的因素呢?这就是任何资产价格走势的根本结构,这个结构是确定的,只要价格运动就必然以此展开,这就是不确定性股价走势中相对确定的东西,我们将在下一小节介绍这一内容。

> 题材和 N 字结构,舍此两者,不能得短线交易之门径。

第三节　股价走势的根本结构——N 字结构

> 技术指标的热点和股票板块题材的热点是两回事,不要混淆。

热门技术很多,但是没有看见几种能够为炒家带来持续利益的方法,为什么会这样呢?最关键的原因可能在于**热点效应**,大众的追逐使得这些方法的效率降低,不过我们更倾向于认为:这些技术没有抓住股价走势的根本结构是导致它们无法带来持续盈利的根本原因。所谓的根本结构其实可以等价于"**最稳定和确定的结构**"。股价涨跌的具体情况不处于你能力范围之内,也就是你无法确定具体的情况,但是股价的根本结构可以帮助你在能力范围之内把握股价的短线走势,这就是在"不确定性的世界中寻找确定性的因素"。

> 凡事不要走极端,N 字结构并非宇宙普遍真理,但却是大数规律。

> 外汇走势中技术分析的有效性比个股的有效性更高,特别是一些比率指标。

股票走势与外汇走势存在差别,因为股票中的主力因素更为重要,如果你忽略掉了所谓的"主力"和大盘,则你几乎不可能在个股短线买卖中立足。为什么会这样呢?第一,股价的短线走势主要受到**大资金的主宰**,博弈参与者的行为

因素有很大的影响，所以短线买卖中需要关注市场人气、资金流向、热点转换以及盘口买卖档、主动性买卖档、成交量变化等，而这些因素最终基本可以归结为主力的动作；第二，个股交易量远逊于外汇交易量，所以个股的走势更加容易受到人为因素的影响，而不是基本面因素的影响，主力行为对个股而言是最为重要的行为因素；第三，A 股市场作为新兴市场，投机性高带来的高波动性与其他新兴市场一样，主力投机性的制造者，股市制度完善也不能消灭掉大资金对个股的强大作用。主力的影响对个股走势而言应该构成了最重要的因素，**其次才是大盘，主力的影响最终会导致股价出现最稳定的结构，这就是股价走势的根本结构**，主要主力存在这个结构就不会被打破，主力操纵，甚至股价本身必然要以这种形式展开才能导致股价以有利于主力和市场的形式运动。有利于主力和市场的运动必然导致绝大多数参与者亏损，这就是金融市场存在和主力获利的必然要求。

股价如何运动才能让绝大多数人亏损呢？主力如何操作股价才能让绝大多数人亏损呢？股价必须以曲折的方式前进才能让正确持仓的炒家过早兑现盈利，同时让错误持仓的炒家放大亏损。股价曲折前进方式体现在股价运动的根本结构上，也就是我们定义的 **N 字结构**，你可以用吸筹—洗筹—拉升来看待这一结构，也可以利用"推动—调整—推动"来解读，更可以从辩证法"肯定—否定—否定之否定"规则来理解它，如图 1-5 所示。

> 席位是观察大资金动向的重要窗口，各种板块排行榜也是观察主力资金的必看信息来源。

> 龙头股独立于大盘，如果你操作的不是龙头股，如果其中缺乏游资主力，那么大盘是首要考虑的。具体问题具体分析，不能一概而论。

> 兵者，诡道也，N 字就是"诡道"。

图 1-5　上升趋势中的 N 字结构

利用小富即安的群众心理，主力通过拉升让散户卖出来收集筹码，这一般称为拉高建仓。最常用的还是利用利空和下破让散户交出廉价筹码。

股价的阶段性上涨一般会分为三个步骤：第一个步骤是**一些交易者吸筹推动了股价上涨，进而确定了股价运动的趋势方向**。第二个步骤是通过调整让大部分先前进场正确的炒家卖出筹码，同时促使新买家在更高位置买入，这缩小了市场参与大众的获利程度，缩小了市场参与大众的获利范围。市场通过步骤二吸筹，暂时否定了上涨作为趋势方向，这使得绝大部分炒家开始怀疑此前的判断，他们中的绝大多数会在此调整走势中过早结束多头仓位，主升浪展开的抛压大大减轻了。第三个步骤是当真正的上升开始时，市场开始重新确认上涨的趋势，这时候多头持仓的阻力是最小的，因为主力和市场往往站在你这一边。

N 字结构在股票指数走势中往往会以更加标准的形式出现，比起某些个股上冲下洗的突兀走势，指数的走势中体现着更加容易辨认和操作的 N 字结构，如图 1-6 所示。图中所示的是上证指数走势的一段，N 字结构贯穿了这段走势的始终，我们标示出了其中一个 N 字结构。股指从 A 点上涨到 B 点，然后出现了调整，调整的低点 C 不低于 A 点，最好能够

图 1-6 上证指数上涨趋势中的一个 N 字结构

显著高于 A 点。通常而言，BC 段回调了 AB 段的 0.382 到 0.618 幅度，大胆的交易者甚至可以在蜡烛线确认调整结束之后介入，这些方法在《高抛低吸——股市四度斐波那契操作法》中有详细的介绍，但是这样的激进操作最好等待一个第二 N 字结构的调整部分完结时采用。BC 段调整完成后，股指突破 B 点，创出新高，这段标注了 CD 段。在艾略特波浪理论中 AB 段可以看成是浪一，BC 段可以看成是浪二，CD 段可以看成是浪三，也就是中国广大股民俗称的"主升浪"。

　　一旦股指在较低位置出现了第一个上涨 N 字结构，则接着展开一段牛市走势的可能性极大，股指中出现的上涨 N 字结构对于判市非常有效和可靠。我们来看两个例子：第一个例子是上证指数 2005 年下半年到 2007 年末牛市起始阶段的走势，请看图 1–7，可以看到一个非常明显的上涨 N 字结构，这个 N 字结构的起点是 A 点，基本上是熊市最低点（与真正的最低点形成了 W 底部），形成一个 N 字结构之后，我们初步确认了上涨趋势的形成，于是开始逐步买入一些指数成份股。第二个例子则是上证指数 2009 年初到 8 月牛市在初始阶

　　斐波那契点位与 K 线和成交量，以及震荡指标结合起来使用可以帮我们精确把握买卖点，然而选股还是要看题材、看热点、看主力、看 N 字结构。斐波那契点位提供了回调买入的机会，而 N 字结构提供了突破买入的机会，两者相得益彰。

　　大家有必要一定要去复盘一下几大主要股指的历史走势，看看顶部和底部附近出现 N 字结构的概率。

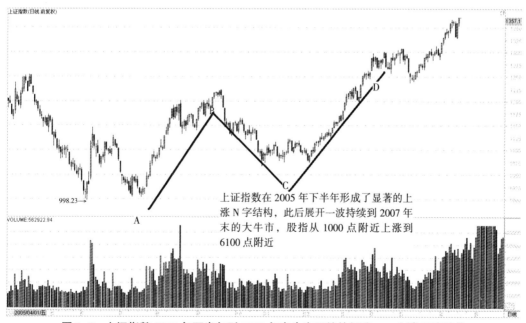

图 1–7　上证指数 2005 年下半年到 2007 年末牛市开始的征兆——上涨 N 字结构

N 字结构是一个全息结构，在任何时间框架都能够看到这一结构，因此你也可以在恰当的层次上利用它展开仓位管理。

段出现的 N 字上涨结构，请看图 1-8。两个例子中的 N 字结构大小规模不同，但是这并不影响这一结构在研判和操作上的有效性，你可以操作较**小规模的上涨 N 字结构**，博取日内走势的价差，也可以操作较大规模的上涨 N 字，捕捉长达数月甚至数年的投机利润。

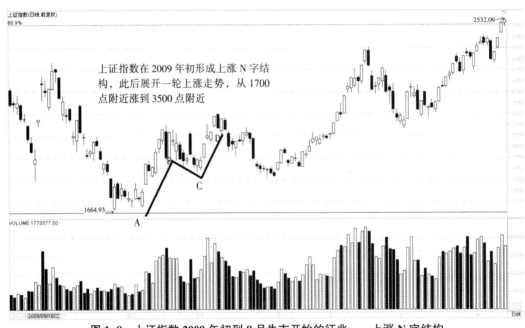

上证指数在 2009 年初形成上涨 N 字结构，此后展开一轮上涨走势，从 1700 点附近涨到 3500 点附近

图 1-8　上证指数 2009 年初到 8 月牛市开始的征兆——上涨 N 字结构

上证指数，中小板指数，创业板指数，现在这几大股指其实相当于风格指数。风格转换与否要比较它们才能得出结论。

上涨的股指 N 字结构可以帮助我们更早、更准确地把握牛市上涨的开端，与此同时下跌的股指 N 字结构则可以帮助我们更早、更准确地把握熊市下跌的开端（见图 1-9），当然有时候我们会用到比较特殊的 N 字结构，这就是双底和双顶。

龙头股经常在 N 字突破之后直线拉升，但是把握 N 字结构只是把握龙头股的必要条件，你必须得关注，得熟练，但是仅此还不够，你还得关注题材，分析主力。

个股走势中的 N 字结构的特殊性很强，有时候也不是那么清楚，当一个主力操作股价时可能会弄出一些非标准的 N 字结构，当然你想**驾驭住这些非标准的 N 字结构**则必须经历**较长时间的临盘实战**，在掌握较为标准的 N 字结构基础上进行足够的练习。我们先来看看个股上涨走势中比较标准和容易辨认的 N 字结构，请看图 1-10，这是武钢股份的日线走势图，当然你可以在 1 小时图上寻找类似的走势结构。股价从

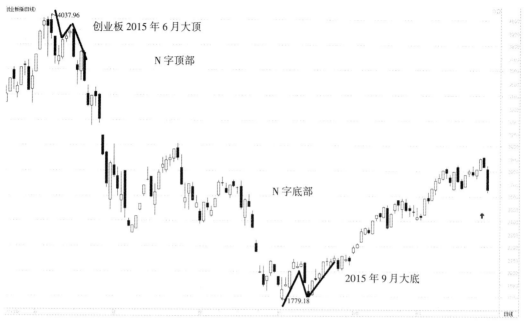

图 1-9 创业板指数的 N 字顶部和 N 字底部

图 1-10 个股上涨趋势中的 N 字结构

7.23 的低点上扬，这就是 A 点，上涨到 B 点后出现了回调。回调到 C 点止跌，然后继续上涨。通常，当股价在充分下跌之后出现的第一个 N 字结构往往是主力刚刚介入之后引发的，本例中 AB 段是主力的初次吸筹，而 BC 段则可能是主力的打压，CD 段则可能是主力初次拉升。在个股股价的长期上涨过程中，会出现不止一个 N 字结构，这些结构都可以为我们提供短线交易机会，但是上涨阶段的第一个 N 字和后续 N 字的操作存在差别。第一个 N 字往往需要等待 CD 段突破 B 点创出新高才能买入，后续 N 字则可以结合蜡烛线和成交量，以及分时图在调整末期就买入，当然如果你能够将《高抛低吸——股市四度斐波那契操作法》中的斐波那契回调工具和震荡指标引入，则可以更加准确地把握两类 N 字结构带来的机会，这个就需要大家下来自己加以融贯了。

个股上涨的 N 字结构为做多交易者提供了非常好的短线投机机会，而个股下跌的 **N 字结构则为做多交易者发出了可靠性极高的空仓信号**，如图 1-11 所示，这是中国国贸的日线走势图，股价从 12.85 附近下跌，之后出现了反弹，反弹结束后创出新低。注意，下跌 N 字的 C 点不能高过 A 点，本例中也就是 12.85 这个价位，最多可以形成双顶。当中国国贸在日线走势上形成下跌 N 字的时候，我们就应该选择空仓等待，当然如果可以融券做空的话，这应该是一个不错的机会。图

N 字下跌结构往往是中长期的下跌信号，因为它往往意味着基本面发生了变化。当然，这并非绝对的，只是大概率事件。战胜不复，在旧逻辑中活得越好，则新逻辑里面就会死得很差。关键在于做好仓位管理，同时多问为什么，而不是死抠教条。

图 1-11　个股下跌趋势的 N 字结构（1）

1–12 展示了另外一个 N 字顶的例子，中航动控从 2015 年 6 月的高点下跌时出现了明确的 N 字顶信号。N 字信号也可以与斐波那契点位结合起来研判，如图 1–13 所示的广发证券的例子，第二波上涨是第一波上涨的 0.618 倍，在这个关键点位出现了向下 N

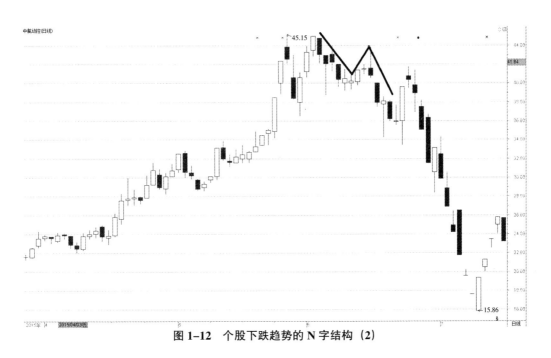

图 1–12　个股下跌趋势的 N 字结构（2）

图 1–13　个股下跌趋势的 N 字结构叠加斐波那契投射点位

字结构，这就相当于是 N 字顶部出现在 0.618 投射点位处，前者确认了后者的阻力有效性。

当你以日为单位进行短线炒卖的时候，可以寻找个股日线走势图上的 N 字结构；当你以分时为单位进行超短线超卖的时候，则需要寻找个股分时图上的 N 字结构了（见图 1-14）。当然分时走势图上的 N 字结构可以划分为上扬 N 字、下跌 N 字，以及水平 N 字，水平 N 字又被称为尖角波，是主力吸筹时经常出现的分时波形。当你从事日内超短线交易的时候，可以参照日线 N 字走势；当你从事日间短线交易的时候，可以利用分时 N 字走势过滤一些虚假日线信号。毕竟，同样的蜡烛线背后可能存在不同的"故事"，**要了解真相往往需要利用分时走势。**

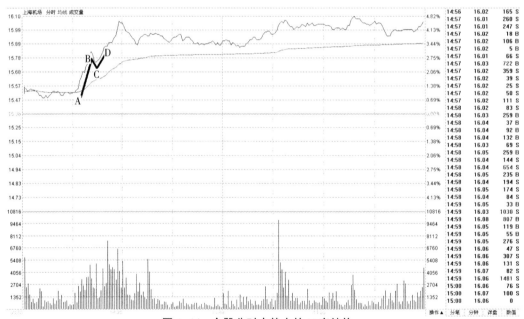

图 1-14 个股分时走势中的 N 字结构

如果你看过我们的《黄金高胜算》一书，就应该明白 N 字结构其实是"正向发散—收敛—正向发散"的一种典型形态，这是趋势发动和持续的重要标志。N 字结构并不仅仅是股票价格的根本结构，同时也体现在成交量变化中，如图 1-15 所示。这是皖通高速的日线成交量，可以发现成交量也呈现收

敛和发散的交替，**成交量由收敛到发散**，接着收敛，再发散，这就是一个典型的成交量 N 字结构。在上升走势中，第一个发散往往是主力阶段性吸筹的表现，当然你可以看作是买家势力强于卖家的表现，接着的收敛是主力阶段性洗筹的表现，当然你可以看成不坚定买家获利回吐，但是大部分筹码仍然坚定持仓；第二个发散则是主力阶段性拉升的表现，当然你可以看成是买家惜售，卖家减少的表现。成交量可以为我们捕捉到主力的进出以及市场大众的心理状态，**通过成交量和价格的交互验证**，我们短线个股炒家可以极大地提高胜率。通过全书的学习，你会发现 N 字结构不仅存在于价格、分时图、成交量，还存在于买卖档，存在于诸多技术指标的形态中。这就是一个强大的武器，可以为你纵横股海大开方便之门。

> 成交量收敛到极致的时候，往往就是爆发的时候，这个点我们称为窒息点。N 字结构中的第三波运动往往开始于这一点。
>
> 价量之外加上题材甄别和仓位管理，你就是高手了。

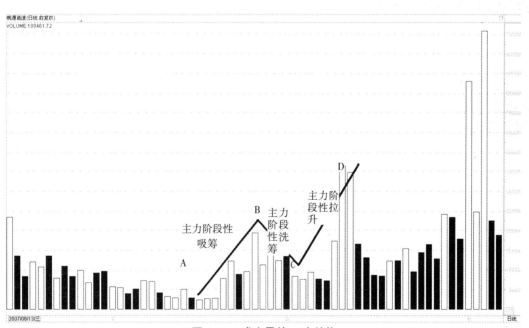

图 1-15 成交量的 N 字结构

有一种比较特殊的成交量是分时图上的脉冲状成交量，请看图 1-16，这个成交量也存在周期性的收敛和发散，这种敛散也体现为 N 字结构。分时图成交量的 N 字结构与日线图

一分钟图中的脉冲天量是耐人寻味的，什么时候是顶，什么时候是一个新台阶，这个是可以从图上找出规律的。

成交量的 N 字结构基本一致，我见过一位权证高手，他就是利用**分时图价格和成交量**以及买卖档的 N 字结构持续获利的。

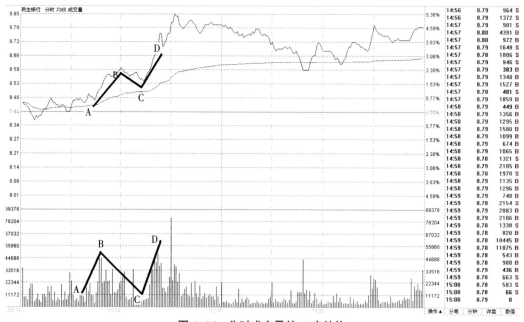

图 1-16　分时成交量的 N 字结构

其实，N 字结构并不限于价格走势和成交量变化，在技术指标上 N 字结构也是普遍存在的组织形态。技术指标有些叠加到价格走势上（主图上），比如移动平均线、抛物线指标等，有些则是单独呈现出来的（副图上），比如 MACD 指标、相对强弱指标等。**技术指标的形态较少为炒家所关注**，但是它们却有不少共同点，这就是 N 字形态，技术指标的 N 字形态比较少为人所关注，大家热衷于技术指标的四大类用法：背离、交叉、区间、离度。在展开介绍技术指标的 N 字形态之前，我们先介绍一下技术指标的这四大类用法。

技术分析师喜欢谈指标，总结出很多指标形态。其实，化繁为简之后无非都是些价格形态而已。

一是**背离**，这是我们比较推崇的用法，与 N 字结构其实类似，甚至可以归纳为 N 字结构的特殊一类。指标背离主要指的是指标信号线与价格走势的背离，至于价量背离，以及技术基本面背离则不在我们这里的介绍之列。指标和价格的背离分为两类：底背离和顶背离。底背离是一个后市看涨的

量能背离之后还可能有背离，这点可能很多人没有意识到。

指标价格形态，它表明市场此后下跌的概率大于上涨的概率；顶背离则是一个后市看跌的指标价格形态，它表示市场此后上涨的概率大于下跌的概率。

　　我们先来看底背离，指标和股价的底背离其实表明了下跌动能的衰竭。股价创出了较 A 点更低的低点 B，当时对应的指标信号线（这里以 MACD 为例）却没有创出对应的新低，对应于股价新低的 B′是指标信号线的次低。随着股价创出新低，下跌动量却缩减了，这是止跌的信号，走势反转的可能性很大。**底背离**的股价是一个下降 N 字，它表明了趋势向下，这时就是一个虚假的趋势向下信号。要过滤这种虚假的趋势信号，则可以同时观察技术指标的变化。在底背离的情况中，技术指标呈现出向上 N 字，表明趋势向上，这就要求我们重新思考股价的真正趋势，如图 1-17 所示。

底背离作为抢反弹的指标大多数时候是有效的，如果不做好仓位管理，也是枉然。

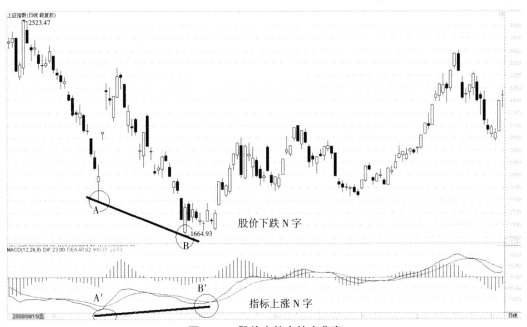

图 1-17　股价走势中的底背离

　　顶背离出现在上涨过程的末端，当然可能存在连续的顶背离，底背离也会有相同的情况，也就是说当第一个顶背离出现的时候，股价未必是马上反转下跌，双重顶背离比单一

顶背离与多头陷阱关系密切。

顶背离更有效，就像双重金叉比单一金叉更有效一样。如图 1-18 所示，当股价创出新高 B 点时，对应的动量指标信号线却画出了次高点 B′，这表明随着股价的上扬，上升动量已经减弱了，你可以理解为上扬趋势衰竭了，或者说上升加速度减小了。股价呈现出一个上升 N 字，但是此后股价却极容易下跌，这是因为股价的上涨 N 字对应着指标的下跌 N 字，这至少表明两者的信号不一致，短线炒家应该注意到这种矛盾的信号，并逐渐驾驭住这类信号，从中获取利润。

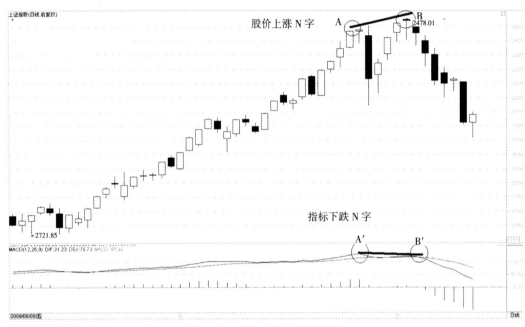

图 1-18　股价走势中的顶背离

二是交叉。股价和指标的背离是较少为短线炒家所重视的形态和信号，这也许正是其有用的主要原因。指标信号线一般都是较长期和较短期的组合，所以会随着行情的发展出现交叉。较短期信号线，比如较短期移动平均线，更为灵敏，而较长期信号线，比如较长期移动平均线，则更为迟钝，所以短期信号线经常向上或者向下穿越长期信号线。当较短期信号线向下穿越较长期信号线时，死叉就发生了，死叉可以看成是短期交易者比长期交易者更看空市场，也可以看成是下跌加速度增大，或者是下跌动量增加。指标信号线的死叉往往对应着股价的下跌 N 字，如图 1-19 所示。在不少证券交易类书籍中，死叉和金叉都是主要的介绍内容，但是根据我们的经验，这类信号在较短期内有效，只有当两个死叉靠得很近时，信号的可靠性才足够高。

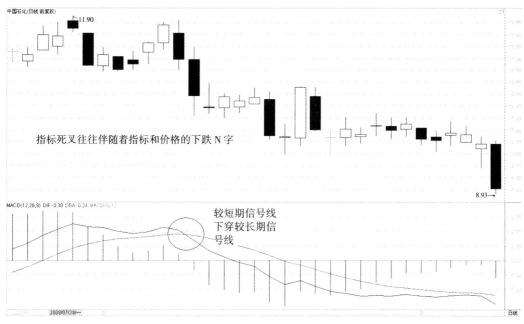

图1-19 股价走势中的指标死叉

指标金叉在传统股票教科书中一般被当作经典的看涨信号，如图1-20所示。指标的金叉是指较短期信号线上穿较长期信号线，金叉表明市场上涨的加速度为正，技术指标的金

> 金叉代表加速上扬行为，可以作为参考，但是不如直接观察价格形态。何必叠床架屋呢？

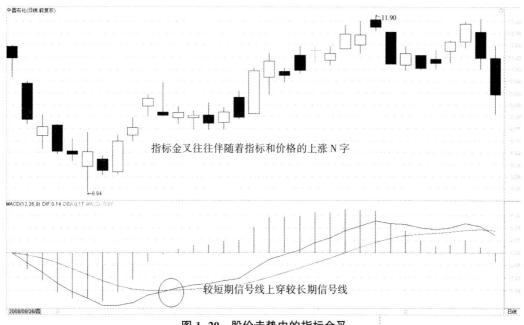

图1-20 股价走势中的指标金叉

叉往往对应着股价的上涨 N 字结构，所以有时候短线炒家可以通过股价的上涨 N 字结构来做出买入研判，有时候则可以通过技术指标的金叉来做出买入研判，更多的时候短线炒家可以通过股价上涨 N 字和技术指标金叉两个方面的信息来做出短线买入决策。

三是区间。技术指标常用技巧中除了交叉之外，还经常用到区间甄别技巧，**一般用得较多的是超卖和超买**。请看图1-21，通常而言震荡指标，比如本例中的 KD 指标，以及其他比较著名的震荡指标（RSI、KDJ 等）都将信号线所处值域分为四个区间，最高的区间是超买区间；超买区间之下、中值线之上则是看涨区间；最低的区间是超卖区间；超卖区间之上，中值线之下则是看跌区间。在震荡走势中，信号线处于超卖区间是做多的信号，信号线处于超买区间则是做空的信号；在单边上涨走势中，信号线处于超卖区间是做多的信号，信号线处于超买区间则不是做空的信号；在单边下跌走势中，信号线处于超买区间是做空的信号，信号线处于超卖区间则不是做多的信号。很多人之所以误用了区间信号，最

斐波那契四度操作法的一大要素就是震荡指标，这是一个局部有效的指标，可以帮助你选择进场点位，但却不能作为持仓方向的指标，因为这个指标不代表全局的趋势。

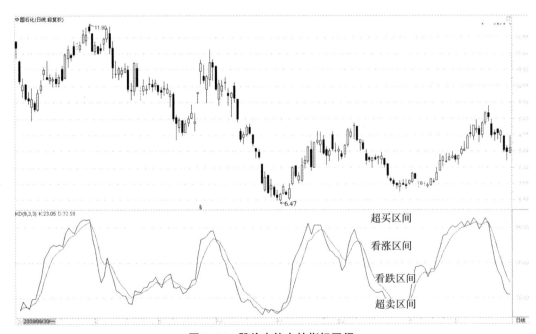

图1-21　股价走势中的指标区间

根本的原因还在于他们没有理解区间信号所依赖的市场趋势背景，究竟是震荡走势，还是单边走势。

　　四是离度。技术指标除了背离用法之外，还有一种比较不常用的技巧——适离，这个技巧一般用在主图中，均线和支撑阻力线是这种用法的主要代表。当然，在副图中也可以采用这种用法，根据在主图中的用法延伸开来即可。适离主要探讨的是较短期对象和较长期对象之间的位置关系，两者相隔太远时引力作用增强，两者相隔太近时斥力作用增强，**两者相隔太远被称为乖离，两者相隔太近被称为适离**。移动平均线相对于股价线而言属于较长期对象，股价线则是较短期对象，请看图 1-22。当股价远离移动平均线 60 时，引力作用增强，股价跌回移动平均线，这就是乖离作用；当股价触及移动平均线 60 时，排斥作用增强，股价反弹（远离均线），这就是适离作用。图 1-22 中，ACEF 四个位置是乖离关系，而 BDG 三个位置则是适离关系。适离关系一般是 N 字的次低，也就是 N 字的第二个转角部位，这是大家需要掌握的地方。

乖离率显示了泡沫的大小，上涨速度的快慢，可以作为局部指标使用。

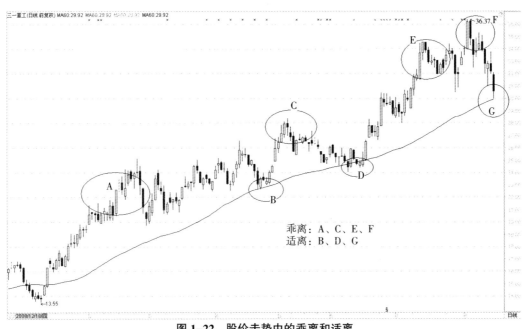

乖离：A、C、E、F
适离：B、D、G

图 1-22　股价走势中的乖离和适离

技术指标的四大用法如表 1-1 所示，背离和离度是用得较少的两个技巧，而交叉和区间则是用得较多的两个技巧，正因为这样背离和离度的效果更好一些，而交叉和区间的效果要差一些。

表 1-1　技术指标的四大用法

序　号	技术指标四大用法		
1	背离	顶背离	底背离
2	交叉	金叉	死叉
3	区间	超买	超卖
4	离度	乖离	适离

除了重要均线和震荡指标之外，斐波那契点位和 K 线形态是我们比较重视的技术因素。如果只保留一个技术因素的话，那就是价格本身。

技术指标的具体用法有成千上万种，但是如果你能够从上述四个角度去掌握，则所有的技术指标用法都能融会贯通，这就是所谓的**"技术指标万法归宗"**。技术指标的这四种用法最终则可以归结到 N 字结构上，这个需要大家更高的悟性，既然技术指标与股价一样，也能够归结到 N 字结构上，则可以说明 N 字结构真的是股票走势的根本结构。不管是股价数据本身，还是经过加工的股价数据（技术指标）都体现了 N 字结构，这就证明了我们一直高举的一个论点：N 字结构是股价走势的根本结构。

下面我们来看几个具体技术指标中的 N 字结构，请看图 1-23，这是上证指数日线走势。图 1-23 的副图是 MACD 指标，可以看到该指标的信号线出现了很多上涨 N 字结构，这些结构恰好与指数的 N 字结构相呼应。技术指标的 N 字结构有时候可以替代股价或股指本身的 N 字结构用于研判，在绝大多数情况下则是对股价或者股指本身的 N 字结构进行确认和过滤，比如在背离技巧使用过程中就是这样的。

60 日均线、120 日均线以及 250 日均线是三条可能引发自我实现预言效应的"神奇均线"。你可以将自己的 N 字结构操作法纳入这三条均线。

移动平均线是对价格的最简单加工，如图 1-24 所示，它的起伏迟于价格本身的波动，这就是趋势指标的一个重要特征。移动平均线的运动也呈现出 N 字特征，如图 1-24 所示，平均线指标的起伏构成了一个一个的上涨 N 字结构。当然移动平均线也会形成很多下跌 N 字结构，无论如何移动平均线

构成的 N 字结构较价格本身更为平滑和显著，更能够清晰地呈现出股价运动的某些根本结构。

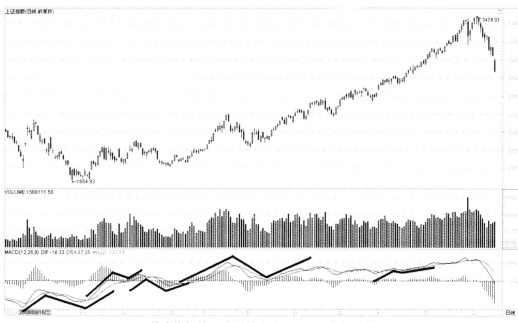

图1-23　技术指标的 N 字结构（1）：MACD 指标线的 N 字结构

图1-24　技术指标的 N 字结构（2）：移动平均线的 N 字结构

MACD 只能告诉你发生了什么和正在发生什么，要想让它变成趋势预言大师那是做梦。

MACD 和移动平均线都属于趋势指标，它们出现 N 字结构并不值得惊奇，因为 N 字结构本身就是标注趋势走向的根本结构。除了趋势指标以 N 字结构的方式运动之外，震荡指标也是以 N 字结构的形式展开的，这可能是绝大多数股票短线炒家所忽视的地方。如果在指标上画趋势线的话，则你可以比绝大多数炒家更加有效地操作短线波段，除了趋势指标可以画趋势线之外，震荡指标也可以画趋势线，比如下降趋势线和上升趋势线，在这个过程中你将发现震荡指标的运动无疑也是以 N 字结构展开的。如图 1–25 所示，这是上海机场的日线走势图，主图中的股价走势和副图中的 KD 指标在同步波动，股价的 N 字体现在 KD 指标线的 N 字运动上。

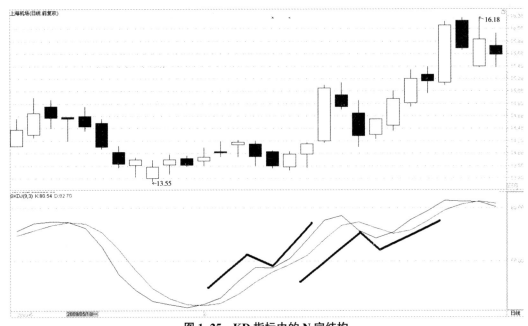

图 1–25　KD 指标中的 N 字结构

N 字结构并不仅仅局限于股价，也不仅仅局限于趋势指标，而是在各类股价运动和技术指标上都有所体现，这就是 N 字结构在股票运动中的普遍性和根本性。同时，N 字结构贯穿于各大交易品种，从股票、外汇、期货到黄金、债券和期权等，N 字结构不仅仅出现在价格上，还出现在成交量上，

以及其他技术指标上，你可以将这个武器用于一切品种的交易。本书主要从股票短线的角度展开，但是这个策略并不局限于股票，可以用于各类金融品的交易，这与《高抛低吸——股市四度斐波那契操作法》的情况是一样的，这本《短线法宝——神奇 N 字结构盘口操作法》也不仅仅局限于股票和短线，但是以股票短线投机为主。

第四节　升华与思考——【持币者与持筹者】

市场运动的根本结构是 N 字结构，这个结构体现了市场供需力量的动态变化。需求一方，我们称之为"持币者"，严格来讲他们是天然的多头，但却只是潜在的需求方；供给一方，我们称之为"持筹者"，严格来讲他们是天然的空头，但却只是潜在的供给方。

当持币者风险偏好降低时，他们更愿意手握现金，这个时候需求就萎缩了；当持筹者风险偏好升高时，他们就会待价而沽，惜售导致供给萎缩了。

放量上涨，往往与持币者购买意愿上升有关，这个特征往往出现在 N 字第一波，有时候也出现在第三波；放量下跌，往往与持筹者抛售意愿上升有关，这个特征经常出现在上升趋势结束的时候，筹码和资金在顶部完成了集中交换；缩量下跌，往往与持币者购买意愿下降有关，这些特征往往出现在 N 字第二波；缩量上涨，往往与持筹者惜售有关。

最为极端的情况是连续一字涨停板，这就是许多短线高手所谓的"加速上涨"，如果没有大资金进来接力，出现天量换手，那么开板闷杀的概率就非常高。

对于持筹者而言，缩量涨停是机遇；对于持币者而言，缩量涨停是风险。缩量代表着一致，放量代表着分歧。

分歧转一致的临界点是一个持币者转换成持筹者的黄金窗口，只是如何把握这个窗口需要我们站在市场上众多典型持币者和持筹者的立场上去思考。

基于 N 字结构，我们简单地讲了一下如何站在持币者与持筹者的角度去思考。但是，这与实战相差很远。那么，真实的交易中应该如何去运用这一思路呢？

第一，结合当时的板块效应、题材性质、大盘环境的角度想一下，持币者会怎么选择？他们会选择什么板块和题材？已经持有特定板块股票的持筹者会怎么想？是卖出？还是继续持有？

第二，**基于自己关注的个股，结合席位风格、题材性质、大盘环境、价量特征等思考一下，持筹者怎么想？持币者怎么想？里面的人是否想出来？外面的人是否想进去？**

我们讲"对手盘思维"，其实这个在影片《安德的游戏》当中有非常直观的体现。知己知彼，这是一个老生常谈的话题，但是究竟又有多少交易者站在代表性玩家的角度去思考过呢？换位思考，设身处地，这也是股市心理分析的精髓所在。

超短玩家每天都会关注龙虎榜和公告中涉及的个股，这样可以大大减少分析范围。拿到这些股票名单之后，我们仅仅分析它们的技术特征就可以提高胜率和报酬率了吗？

稍微有点股市经验的人都明白，光靠大众喜闻乐见的技术分析手段是无法选出好股票的。也就是说许多人一开始就走到了错误路线上，执着于表象，将本质丢到一边去了。N字结构就是市场的"表象"。

那么，什么是市场的本质呢？价格的波动不是技术特征推动的，技术特征只是表象特征。**持币者和持筹者的行动才是价格波动的直接原因。**

持币者和持筹者的立场和决策，决定了他们的行动。我们应该通过诸多表象和数据来揣摩持币者和持筹者的想法，才能先人一步，洞察本质。

只追逐现象，就不会明白"战胜不复"的真正意义。

一旦你开始揣摩持币者和持筹者的想法，那么已经踏上了"以无法为有法"的"实相之路"，因为你已经开始了对本质的思考，而不是一直在表象上打转。

有些人炒了十几年的股票，说起技术来头头是道，不过仍然与持续盈利相去甚远，他们也搞不清楚到底是怎么回事。其实，就是没有悟到市场的本质。

当个股出现如图1-26所示的走势时，持筹者会怎么想？持币者会怎么想？什么性质的资金在这么高的位置买入了？谁在这里卖出了？放量下跌意味着什么？

此前两日缩量涨停，今日放量大跌，场外的人怎么想？里面的人怎么想？

如果此前一天政府对相关行业罕见地表态支持，超乎预期，那么这个下跌在聪明资金看来是暂时的还是下跌趋势的开始呢？

接下来的一天请看图1-27，高位反包涨停后，持币者会怎么想？持筹者会怎么想？想要卖出的人今天之后会怎么想？惜售还是继续卖出？

昨天买入的资金今天已经获利，明天他们会走吗？持币者抢筹欲望增加了吗？市场空间还有多大？有无对标可以参考？

今天反包的资金是怎么想的？席位风格是什么呢？

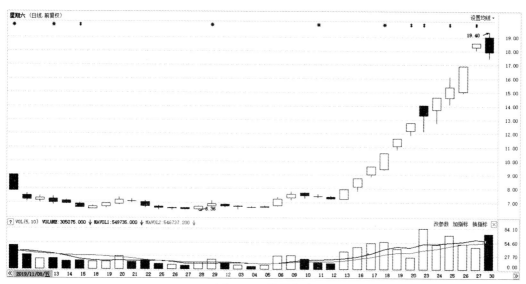

图 1-26 放量大跌

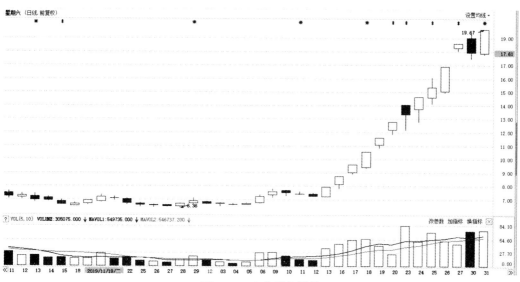

图 1-27 高位反包涨停

反包后,继续涨停,请看图 1-28,放量反包后缩量加速上涨,分歧转一致。持筹者怎么想?是否急于兑现筹码?持币者怎么想,他们会认为还有上涨空间吗?

一旦你开始从持币者和持筹者会怎么想的角度去思考和分析个股,那么成功是一件水到渠成的事情,因为你终于开始在正确的方向用功了。

除此之外,都是南辕北辙。用功越深,离之越远,自然越来越迷茫。

我是持币者的话现在会怎么想?

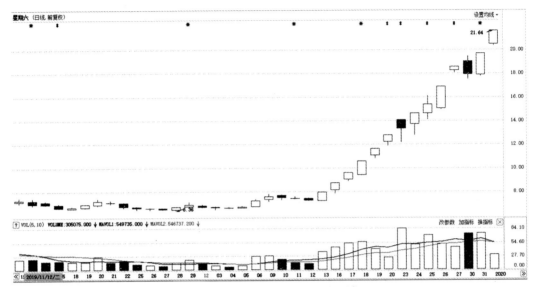

图 1-28　放量反包后缩量加速上涨

我是持筹者的话现在会怎么想？

这才是投机分析的思维核心。

成交量 N 字结构——揭开市场主力的底牌

"量为价先"，这句话时常被不少短线炒家挂在嘴边，但真正能落实到实际操作中的人却少之又少。股价的波动与持仓盈亏密切相关，但是切不可因此认为股价是最重要的，毕竟股价波动的"幕后黑手"，**或者说直接原因才是最重要的。**股价的波动是由成交量导致的，股价的涨跌只是现象，成交量才是这个现象背后的本质和直接原因，想要忽视掉成交量去把握股价的运动，这是舍本逐末的做法。个股运动的把握，特别是短线轨迹的把握往往不能忽视其中的交投情况和主力因素，主力可以在股价上隐藏自己的踪迹，但是绝不可能在成交量上隐藏自己的踪迹。做个股一定要看大盘和主力，大盘就是股指，股指的涨跌关系到个股上涨下跌的可能性大小，所谓**"趁势而为"就是要借力于大盘股指**。除了大盘，个股的炒卖还需要查看个股中主力资金的运动，短线炒家资金可能在几十万元进出，在大盘股上也许几百万元资金的进出，这些都无法与真正的主力相比，所以借力于主力资金是短线炒卖的第二个要求。**借力于外部的大盘，借力于内部的主力，这才是短线大家的制胜法宝。**

主力的进出必然体现在成交量的异动上，主力操控价格比操控成交量要更为容易，况且这是一个短庄流行的时代。民间资本的机会成本很高，建仓时间要求很短，缓慢吸筹的手法难当此任，快速建仓和坐庄获利的策略必然使得主力没

> 资金的进出是价格波动的直接原因，而驱动资金进出的根本原因是逐利行为，题材和业绩是利害转化的驱动因素。

> 虽有智慧，不如乘势；虽有镃基，不如待时。

> 借力大盘、借力题材、借力主力，这就是短线的精髓。

有太多精力顾及成交量掩饰，成交量在这个时代更加显露了市场主力的"马脚"。上一章，主要介绍了股市的一些较为根本的原理和结构，在本章我们将从股价运动的动力入手，着重剖析成交量的根本结构和其蕴含的主力意义。

第一节　量价分析基础

板块资金流向和席位也属于成交量分析的范畴，也是短线客每天必做的复盘功课。

成交量的分析要参照价格的运动，因为成交量是一维数据，单单看成交量无法有效解读市场运动，成交量分析一般要求以"价量分析"的形式展开。成交量和价格的变化很少得到全面的剖析和解释，对于价量变化的最常见说法是"量为价先""天量见天价，地量见地价"等。在展开成交量的根本结构之前，我们首先对量（价）变化的基本情形进行解释，这里的解释可以为你广泛地运用于股票交易中，无论是采用什么样的策略都应该将**成交量**分析融入其中，因为成交量是为大多数股民忽视的维度，它比价格衍生技术指标的效用更高。如果将价量和分时盘口结合起来进行股票短线分析，再加上良好的仓位管理策略，那你可以超越绝大多数股民的业绩水平。怎样才能很好地理解成交量和价格的变化呢？最好的办法就是将价量变化转化到二维坐标轴上，请看图 2-1，我们将股价投射到纵轴上，将成交量投射到横轴上，股价以字母 P 为标，成交量以字母 V 为标。萨缪尔森开创的经济学习惯于以 P-V 直角坐标系来分析供求双方的变化，这个分析方法之前没有被股票炒家所运用，这也是绝大多数"炒股专家"无法讲清楚价量关系的主要原因。通过 P-V 直角坐标系我们可以让读者很清楚地掌握价量关系，在掌握 P-V 直角坐标系的运用之后，你对于价量变化的市场意义将不会迷茫，你也无须根据某些"股谚"死板地理解，你可以直接运用 P-V 直角坐标系很快洞悉股价的走势意义。

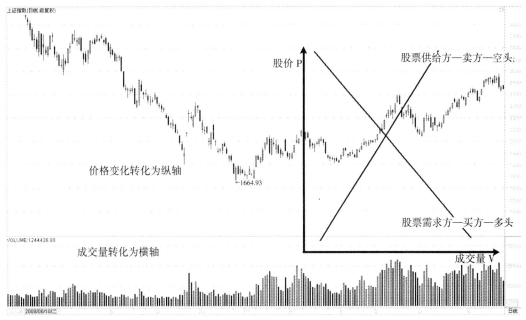

图 2-1 成交量走势的坐标转化

图 2-2 是"基本价量关系分析模型",在股价—成交量直角坐标上有两根直线,从左上斜向右下的是股票需求方,一般以字母 D 代表,表明股票的买方和多头,从左下斜向右上的是股票需求方,一般以字母 S 代表,表明股票的卖方和空头。两者的交点代表了实际的成交量和股票价格,这就是均衡点 E,均衡点是动态变化的,这是由于空头和多头一方或者两方的变化导致的。通过价格和成交量的变化我们可以反推空头和多头的变化,这就是通过投影推测物体变化的方法。但是,如果你没有股价—成交量直角

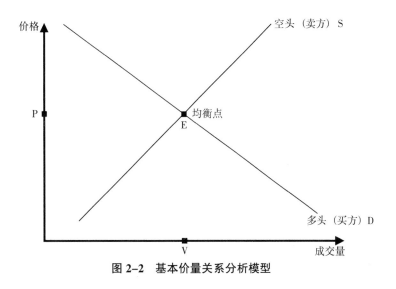

图 2-2 基本价量关系分析模型

坐标，则你很难进行反推，不信你可以尝试一下。

下面我们从一个个具体的情形入手来演绎价量的变化格局，你可以立即将这些知识用于每天的大盘和个股走势。如果今天的股价显著比昨日上涨，同时成交量也放大了，请看图 2-3，这被称为"价涨量增"，可以从图中看到多头线向右移动了，这表明在同样的价位上需求量增加了，或者说在同样的需求量上可以支付更高的价钱，这至少表明当日交易中多头的势力开始上升，而空头则基本保持相对的不变。这时候后市上涨的概率很大，但前提是基本面和心理面不能出现骤然变化，毕竟价量反映的是过去发生了什么，**在系统没有新信息输入的情况下，市场未来的走势受到当下走势的影响**，但现实是新的信息在不断涌入系统，当那些较重要而且出乎意料的信息进入系统时，历史就被甩开了。

什么属于新信息，那就是新的题材或者是基本面新动向。技术走势吸收一切，这个前提是已经发生了的和被完全预期到的信息。预期之外的信息并未被市场吸收，这就属于新信息。

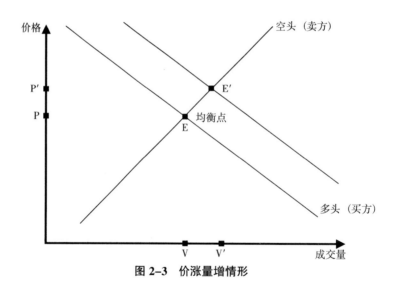

图 2-3　价涨量增情形

涨停进入龙虎榜的个股往往是最极端的价涨量增案例，值得好好琢磨。

价涨量增有两种基本的情况：第一种情况是价涨量增出现在上升走势中，这表明上涨过程中买方的力量在增强，而卖方的力量相对不变，如图 2-4 所示，在没有新信息输入的前提下后市继续看涨，这是上涨趋势持续的信号。当然，如果你能够同时监控市场驱动面和心理面的变化，则你可以做得更好，取得超越普罗大众的成就。

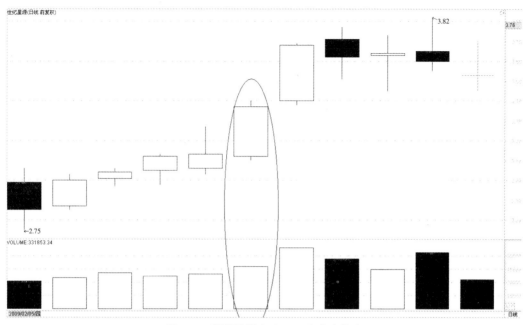

图 2-4　价涨量增（1）——上升走势中

第二种情况是价涨量增发生在下降走势中，当日的股价收盘价较前日收盘价显著上涨，同时成交量也较前日有显著的放大，这表明市场中买卖双方的力量对比发生了变化，如图 2-5 所示。**短期内反弹甚至反转跌势的可能性很大，后市倾向于看涨，单**

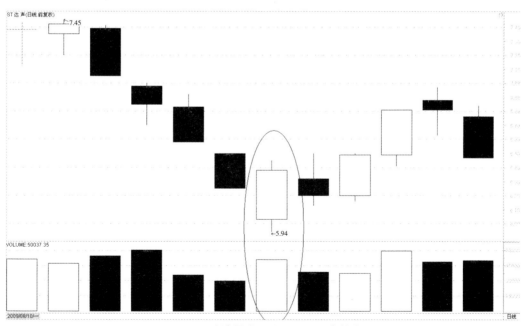

图 2-5　价涨量增（2）——下跌走势中

价量分析一定要结合题材来展开，通过价量和题材来洞悉背后的主力意图和动向。

就价量关系分析而言可以轻仓买入。

价涨量增反映了多头力量相对空头力量的上升，这是一种价量关系分析中讲得最多的情况。价跌量增情形中卖方直线向右移动，这表明在相同的价格上有更多的卖出量或者说卖出同样数量的股票卖家能够接受一个更低的价格，卖方的势力相对买方的势力上升了，如图 2-6 所示。但是很少有人能够对价跌量增做出准确的分析，听得最多的评论语是"杀跌卖出"。

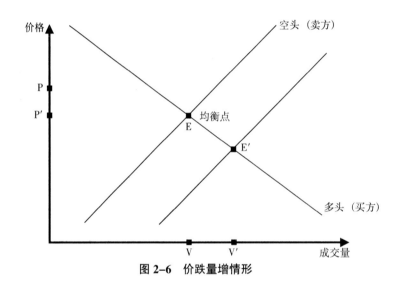

图 2-6　价跌量增情形

价跌量增也可以分为两种基本情形：第一种情形是下跌走势中的价跌量增，请看图 2-7。如果股价此前处于下跌走势，然后股价继续下跌同时成交量显著放大，则表明卖方在加大卖出力度，而买方的态度依旧，买方并没有大力兜货的行动，也就是说下跌中并没有主力或者说机构趁机吸货的迹象。下跌走势中的价跌量增表明后市继续看跌的可能性很大。

第二种情形则是上升走势中的价跌量增，通常而言上升走势出现价跌量增表明了市场的恐慌和抛售，这时候可以结合市场基本面和心理面的变化来研读恐慌和抛售的来源，由此判断恐慌来源是否属于持续性的，如果是持续性的，则趋势就此改变的可能性很大，如果是非持续性的，则此后的走

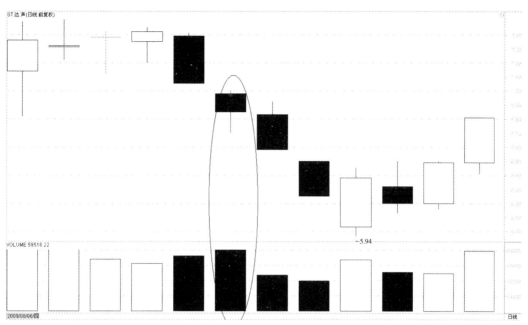

图 2-7 价跌量增（1）——下跌走势中

势可能在短暂下跌之后继续上涨，这就涉及市场心理的持续性了，而持续性来源于驱动因素的持续性，请看图 2-8。

《题材投机》讲了六种格局，其中持续利多格局是最值得我们参与的。

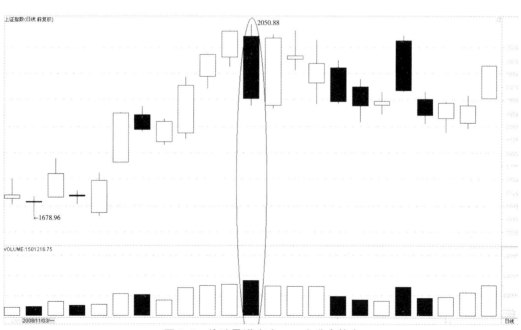

图 2-8 价跌量增（2）——上升走势中

价平量增是我们要介绍的一种震荡走势价量基本关系，请看图 2-9。当成交量由 V 上升到 V′时，股价基本不变（理想情况是完全不变，但实际情况下只要股价变得不显著则都可以从价平量增的角度分析一番，然后再考虑其他相近的价量关系）。价平量增表明买卖双方的力量都在增加，买方愿意在同一价位上买入更多的股票，而卖方愿意在同一价位上卖出更多的股票，两者在较劲，这就是现实。

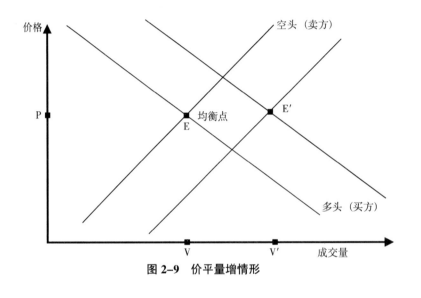

图 2-9　价平量增情形

价平量增可以分两种情况来考虑：第一种情况是上升走势中的价平量增，请看图 2-10，这是非理想状况下的价平量增情形，收盘价相对于前日基本维持不变，而成交量则高于此前一日，这表明买卖双方争斗激烈，后市如何还需要看接下来一日甚至几日的价格走势，在图 2-10 这个例子中此后一日呈现下跌走势，**三日构成一个黄昏之星结构**，后市应该是下跌概率较大。

> 黄昏之星属于 K 线形态，与成交量结合起来就是一种完善。一种 K 线形态的真正含义要落实到参与者身上。

第二种情况是下跌走势中的价平量增，请看图 2-11，个股收盘价基本维持不变，但是对应成交量却有放大迹象，这表明买卖双方的力量对比由明显偏向卖方优势转化到势均力敌，此后的走势还依赖于后一日的情况。本例中股价于次日拉出一根大阳线，于是后市看涨概率较大。

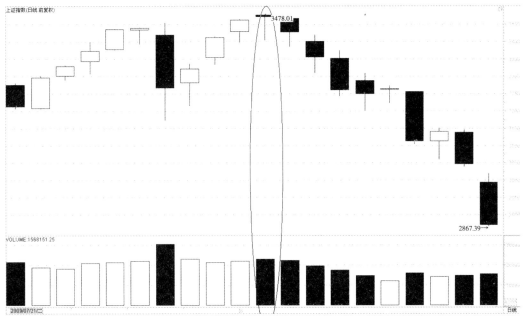

图 2-10　价平量增（1）——上升走势中

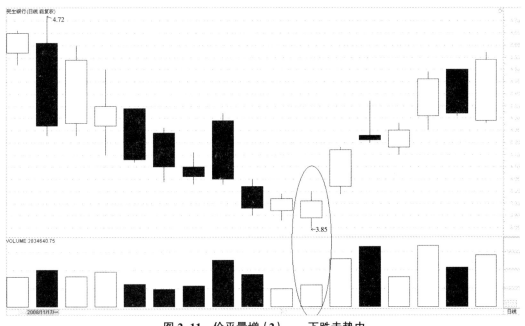

图 2-11　价平量增（2）——下跌走势中

　　价涨量缩是上升走势的调整阶段见得最多的价量关系，不少股票交易类书籍都提到这个典型的价量关系，但是对于内部机理并没有太深入的解释，下面我们就来展开其中的作用机制吧，请看图 2-12。在相同的价格上卖家愿意卖出的数量减少了或者是

主力控盘程度高或者大利好引发惜售与缩量涨停关系很大。

卖家卖出同样数量的股票要求一个更高的价格，成交量下降了，要价提高了。**卖方的力量在减弱，这对于看多一方来讲是有利的因素。**

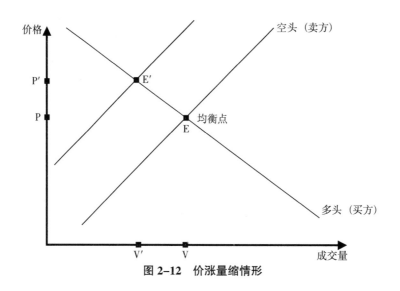

图 2–12　价涨量缩情形

价涨量缩分为两种典型的情况：第一种是上升走势中的价涨量缩情况，请看图 2–13，股价继续上升，但是成交量却

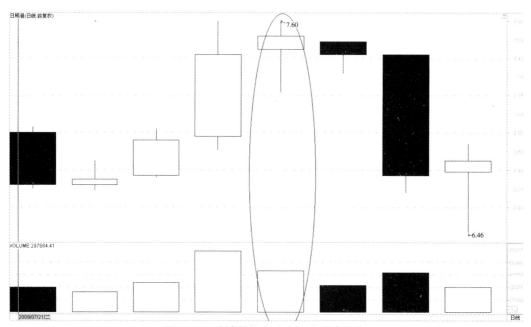

图 2–13　价涨量缩（1）——上升走势中

下降了，这表明上升极可能是卖出减少造成的，而非买入增加造成的，这使得后市的走势倾向于调整，因为买方的力量处于防守状态，并没有随着势头的上升而加大买入力度，后市调整的可能性非常大。

第二种是**下跌走势中**的价涨量缩情况，当日收盘价显著高于前一日，但成交量却缩小了，这只表明卖出力量当下减弱了，但是买方力量并没有随之增强，所以后市趋势反转向上的可能性很小，多头不能贸然入市，如图 2-14 所示。

趋势重于位置，趋势重于形态。如果趋势下跌，无论多么强大的支撑都会被跌破，这就是趋势重于位置的含义。下跌趋势中频繁出现反转看涨 K 线形态往往也是无效的。

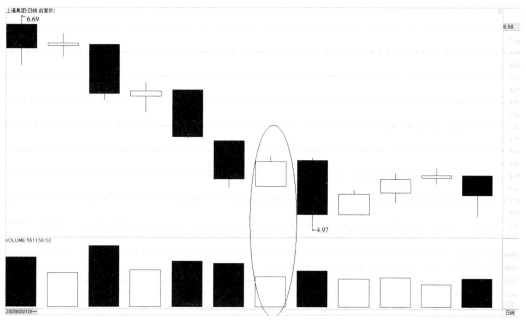

图 2-14　价涨量缩（2）——下跌走势中

价跌量缩的内部机制如图 2-15 所示，买方在相同的价格上只愿买入更少量的股票，或者是买方买入同样数量的股票只愿支付一个更低的价格，这是买方力量下降的表现，而卖方在卖出意愿上并没有显著的变化。

价跌量缩出现在下跌走势中，请看图 2-16。此前的走势处于下跌状态，当日股价继续显著下挫，同时成交量缩小，这表明买方的买入意愿进一步缩小，但是卖方的卖出意愿并没有进一步增加，股价短期内下跌的动量不足，但是反转向

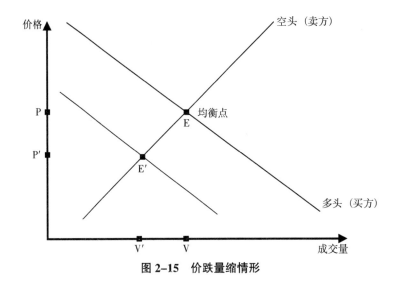

图 2-15　价跌量缩情形

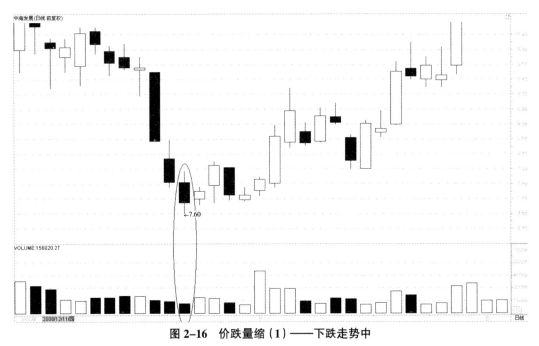

图 2-16　价跌量缩（1）——下跌走势中

上的可能性也不大，隔日一般很难形成显著上升走势。

价跌量缩出现在上升走势中，如图 2-17 所示，当日收盘价低于前日收盘价，对应的成交量低于前一日的成交量，这表明买方的力量开始收缩，上涨的后续力量不足，需要蓄势，这个过程往往也是主力洗盘的过程，到了窒息量就是变盘点。

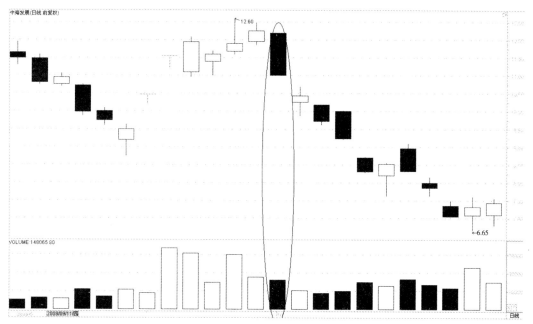

图 2-17　价跌量缩（2）—上升走势中

价平量缩是一种比较复杂的情况，请看图 2-18。卖方的卖出意愿下降，而买方的买入意愿也下降，交投极不活跃，走势比较胶着，**等待基本面和心理面的驱动，一般需要根据此后价格的显著走势来决定入市方向。**

> 当基本面没什么题材时，价格走势趋向于震荡。这个时候要打破震荡就需要额外的新消息来刺激。

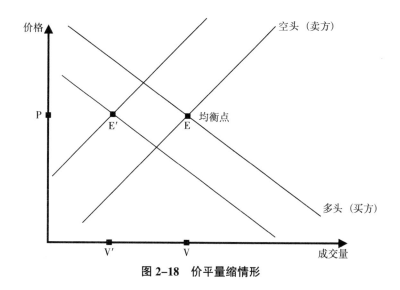

图 2-18　价平量缩情形

在上升走势中出现价平量缩情形，则表明市场由上升走势进入胶着状态，参与大众比较犹豫，如图 2-19 所示。当日股价收盘价基本与前一日持平，而成交量却出现了显著萎缩，这表明后市的走势非常不确定，上升走势能否继续，是否会反转为下跌走势需要看此后的价量形态，此后股价大幅下跌，上升趋势恐怕已经终结，至少短时间内结束了。

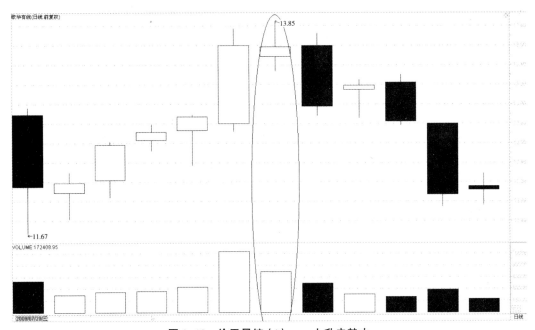

图 2-19　价平量缩（1）——上升走势中

下跌走势中出现了价平量缩的价量情况，如图 2-20 所示。股价继续下跌的动量显得不足，此后股价何去何从需要等待股价接下来的动作，本例中次日的股价拉出显著阳线，而且成交量上升，所以下跌走势告一段落，市场上升的可能性很大。

价涨量平也是比较复杂的价量关系，如图 2-21 所示。卖方的卖出意愿下降，同时买方的买入意愿上升，正是后市看涨的价量关系，**但也只是一种概率上的看涨而已，并不是必然上涨，**请看图 2-22。

价量形态就像温度计，决定不了温度，只能反映温度。

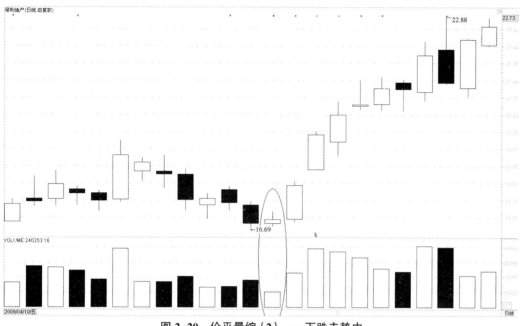

图 2-20　价平量缩（2）——下跌走势中

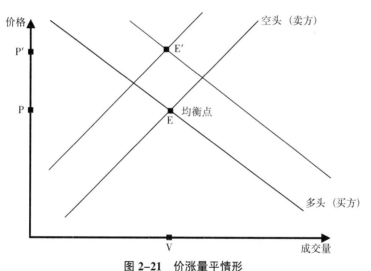

图 2-21　价涨量平情形

　　图 2-22 显示的是上升走势中的**价涨量平情况**，按理说股价继续上涨的可能性很大，但是此后股价却呈现微幅下跌的调整走势，这就是价量研判中概率性的一面。

　　图 2-23 显示的是下跌走势中的价涨量平情况，后市反转的可能性很大，本例中后市确实呈现上涨的迹象。

价涨量平与主力控盘有一定关系。

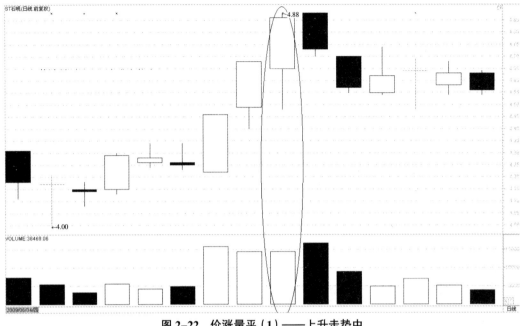

图 2-22 价涨量平 (1) ——上升走势中

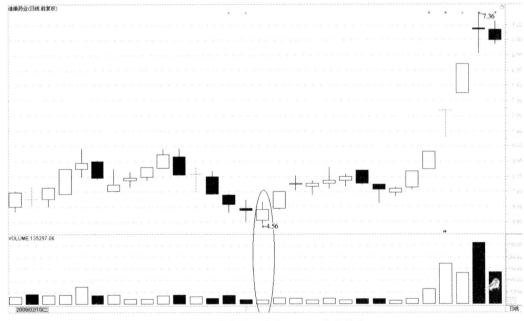

图 2-23 价涨量平 (2) ——下跌走势中

　　与价涨量平相对应的是价跌量平，请看图 2-24，买方意愿和力量在下降，同时卖方意愿和力量在增强，后市看跌的可能性极大。

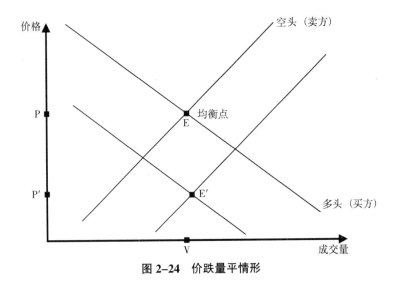

图 2-24　价跌量平情形

　　出现在下跌走势中的价跌量平表明后市继续下跌的可能
性较大，如图 2-25 所示，由于**价量关系一般是短期走势的指
标，也就是局部走势指标，所以不能奢望当日的价量关系能
够预测连续好几天的走势。**

价量形态是局部指标，必须放到题材这个背景下审视。

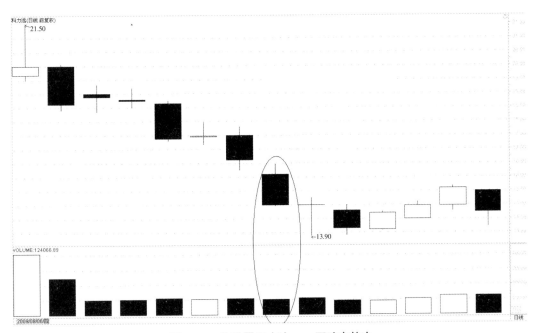

图 2-25　价跌量平（1）——下跌走势中

　　出现在上升走势中的价跌量平表明走势在近期可能转而
下跌，如图 2-26 所示，此后走势确实出现了下跌。

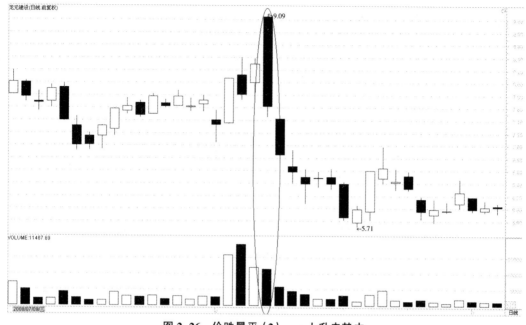

图 2-26　价跌量平（2）——上升走势中

　　收盘价格和成交量都没有发生显著变化是一种较少遇到的情形，如图 2-27 所示。这表明卖方的意愿和力度以及买方的意愿和力度都没有出现变化，市场的力量对比不变，但是也表明趋势继续的可能性下降了，因为两方的力量相比之前都没有继续增加或者是反转，则趋势继续的可能性也下降了，多空观望的情绪增加了，此后的走势应该观察此后的价量关系得到。

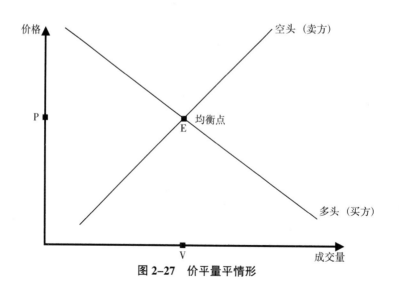

图 2-27　价平量平情形

在上升走势中出现价平量平情形，如图 2-28 所示。观望情绪的加重使得后市的走势依赖于当日之后的价格线和成交量来预示。本例中，此后的股价呈现下跌阴线，与前两日的价格线构成黄昏之星组合，下跌概率极大。

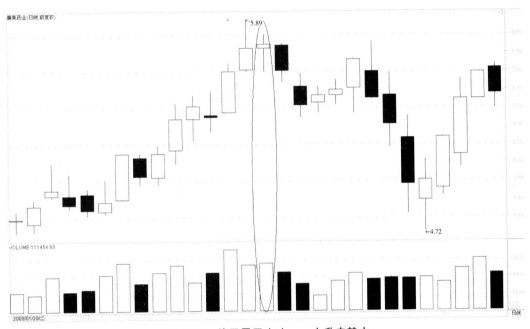

图 2-28　价平量平（1）——上升走势中

在下跌走势中出现的价平量平表明多空双方观望情绪加重，如图 2-29 所示。此后股价的走势取决于哪一方更快取得胜利，**价平量平出现之后的蜡烛线是中等阳线，同时成交量也出现了放大**，这表明多头更快地取得了优势地位，此后看多的可能性更大。

新因素导致价格运动进入新区间。没有新因素，价格就会待在既定区间中震荡。

价量关系的基本情况我们已经全面剖析给大家了，在此基础上你可以更好地理解价格及成交量和 N 字结构的某些关系，如图 2-30 所示。价涨量增是非常好的看涨信号，这是价量形态与 N 字结构关系最紧密的一个方面。

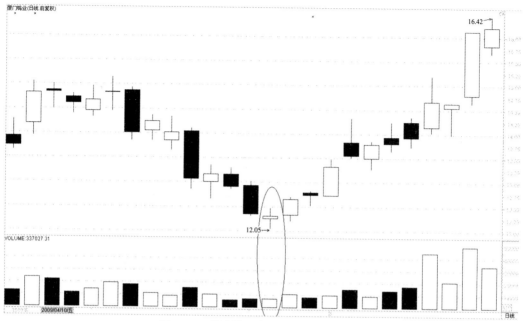

图 2-29　价平量平（2）——下跌走势中

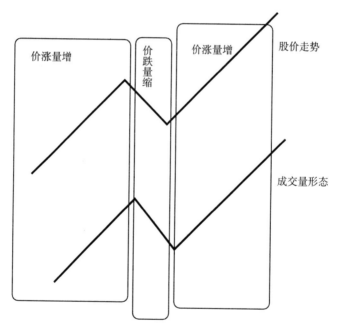

图 2-30　N 字结构中的价量关系

第二节　成交量与庄家：脉冲式放量和无量

个股买卖不能不重视主力的动向，无论是 A 股市场还是美股市场都是如此，在国外的股票交易圈中比较重视机构投资者的动向，比如大名鼎鼎的 CANSLIM 操作法就是将机构是否入住作为关键的选股条件，而国内 A 股市场则相当重视庄家因素，擒庄技术大行其道，颇受追捧。**股价异动和所谓的异动蜡烛线必须结合成交量的异常状态才能有效发现庄家的踪迹**。成交量的脉冲式放量和无量一般显示了庄家的踪迹，当然如果是上涨了很大幅度之后出现脉冲式放量则此时的放量有可能是夹杂着散户的群体行为，也就是说卖出的一方可能以主力为主，而买入的一方可能以散户为主，两者在股价最高位交换筹码，底部的脉冲式放量也可能是两者的筹码交换，也就是说卖出的一方可能以散户为主，而买入的一方可能以主力为主。低位放量为底，高位放量为顶，这是一个带有概率性的判断，而且这里的顶和底也是阶段性的，而不一定是最高点和最低点，一般而言低位放量位于最低点之后，而最高点一般就是高位放量点。

放出最大的量和**缩到最小的量**都是成交量的异动，它们都反映出了大资金的某些迹象和大众的某些意愿。先来看脉冲式放量，请看图 2-31，这是时代出版的日线走势图，图中圈住的成交量就是我们定义的脉冲式放量，也就是与前后成交量形成显著的高低差异，像脉冲一样直冲云霄。这些放量里面的买家和卖家分别代表了主力和庄家，有时候主力是买家，有时候主力是卖家，相应地则是有时候散户是卖家，有时候散户是买家。

> 分钟线上的放量上涨，特别是放出两倍以上的量往往是大资金介入的特征。如果能够结合日 K 线的异动点和题材热点，则可以断定主力的大致动向。

> 缩小到最小的量，我们称之为"窒息量"，上涨过程中的调整结束点往往在这点。

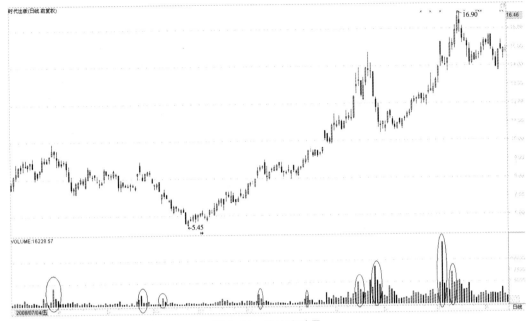

图 2-31　脉冲式放量

主力进场，特别是在这个短庄盛行的时代，主力的踪迹往往体现在阶段性底部，甚至拉升中的脉冲式放量。而这个放量点往往又与成交量 N 字结构的第一次放量和第二次放量匹配，这就是说成交量的 N 字结构并不是一个孤立的交易技术，很多时候，脉冲式放量都出现在 N 字结构的上涨启动阶段。当你将脉冲式放量的视角加入到成交量 N 字结构时，你就能在股票短线炒卖上做得更好。

脉冲式放量是主力进场和出场的显著标志，而无量则是主力在场高度控盘的显著标志。所谓无量一般而言并不是真的无量，而是地量，也就是成交量非常低，请看图 2-32。**无量拉升主要发生在庄家高度控盘的情况**下，同时地量代表散户的介入程度很低，同时也反映了浮动筹码很少，主力可能在其中，也可能不在。

天量见天价，地量见地价，**天量是绝对的最大放量，代表了主力的出逃和散户的涌入**，而地量则是散户无兴趣或者是主力高度控盘、浮动筹码减少的表现。N 字结构的一种极端表现就是脉冲式放量出现在两次上涨过程中，而准地量则

大利好出现时，散户惜售也会导致无量上涨，比如 2015 年次新股的炒作就出现这种特征。因为定价较低，所以上市后连续无量涨停。

天量说明主力在进出，也可能是在换主力。

出现在 N 字结构的调整阶段，如图 2-33 所示。

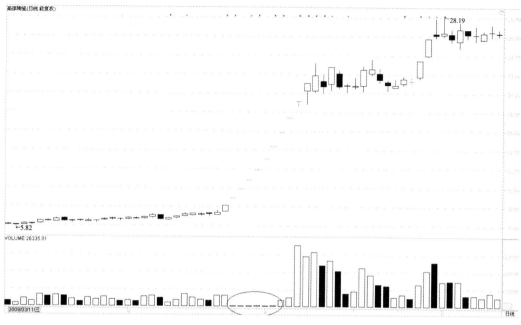

图 2-32　无量和地量

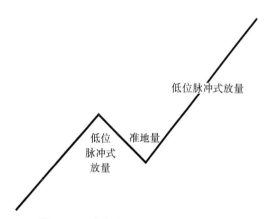

图 2-33　成交量 N 字结构的极端形态

　　成交量异动状态和股价异动状态结合起来可以更好地对短线股票的买卖进行分析和操作。成交量的异动主要是这里讲的脉冲式放量和准地量，而股价的异动则主要体现为大阳线或者说使一些反转看涨 K 线组合，比如早晨之星等。股价 N 字结构的两波上涨起点一般都是中阳线或者是大阳线。

　　异动背后必有真相，重视异动才能捕捉到热门股。

第三节 露出短线庄家的"马脚"：成交量的 N 字结构

如何从成交量发现主力的存在？本章前面介绍的内容已经做了很好的铺垫，在本小节我们则进行一个更加有针对性的总结，请看图 2-34，这是成交量的 N 字结构模型。

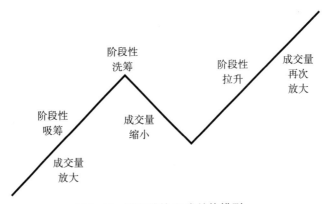

图 2-34 成交量的 N 字结构模型

成交量的 N 字结构与股价的 N 字结构一样，是一个三段发展状态，第一个阶段是成交量放大阶段，配合着股价的上涨，**这一般是主力阶段性吸筹阶段**；第二个阶段是成交量缩小阶段，这一般是主力阶段性洗筹阶段；第三个阶段则是成交量再次放大，这一般是主力阶段性拉升阶段，也是我们短线炒家要去把握其起涨点的阶段。

看了成交量 N 字结构的模型，我们来看一个实例，请看图 2-35。这是恒生电子的日线走势图，图中标注了一处较为显著的成交量 N 字结构，这一形态反映出了股价走势局部的主力进退状态。

在成交量 N 字结构中有一个"点"对于把握起涨点非常重要，如果你想要在调整末期，也就是 N 字结构第三波形成中介入的话，就更需要理解这个"点"。这个"点"就是"窒息量"，也就是阶段性地量。什么时候调整结束？看"窒息

> 吸筹阶段是先知先觉的资金预判到了某些潜在利好，当然也可能是"提前知道"了某些潜在利好。

> 第三阶段的起点往往是"窒息量"。

> 恒生电子这个例子中的"窒息量"你找到了吗？

量"出现没有，无论是 N 字结构中的调整（见图 2-36 和图 2-37 的例子）还是其他类型形态，比如三角形（见图 2-38 的例子），调整结束时往往出现"窒息量"。

图 2-35 恒生电子日线走势图中的成交量 N 字结构

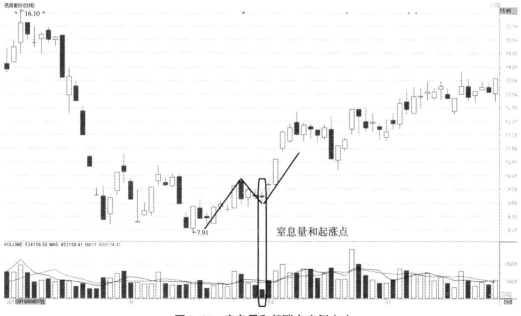

图 2-36 窒息量和起涨点实例（1）

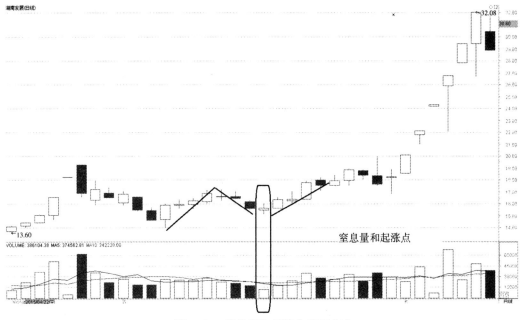

图 2-37　窒息量和起涨点实例（2）

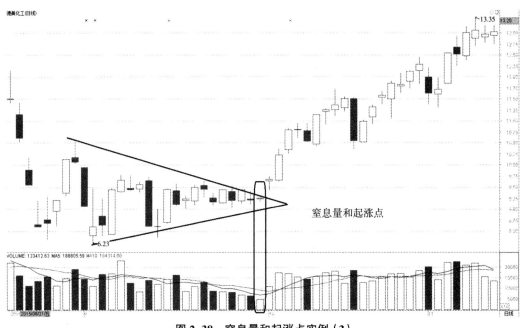

图 2-38　窒息量和起涨点实例（3）

　　短庄的吸筹—洗筹—拉升在成交量的"呼吸"之中可以得到明显的反映，一个成熟的股票短线炒家必须对成交量的 N 字结构有深入和全面并且独到的看法，并能结合本书此后介绍的蜡烛线 N 字结构进行综合研判和操作。

第四节　升华与思考——【确定飙升引爆点的地量原理】

如何寻找主升浪的起点？或者如何确定起涨点、飙升引爆点？简单来讲就是利用催化剂叠加技术特征。催化剂包括知名分析师或者重要机构的研报、上市公司重要公告、重大行业政策、重大安全生产安全事故、重大自然灾害等。催化剂就是所谓的"明牌"，属于题材里面比较直白的一类。

那么，飙升引爆点的技术特征是什么呢？其中最为关键的特征就是量，特别是地量。

首先，我们需要搞清楚什么是地量？地量就是与前期相比最低的成交量。我们的习惯是与前 N 日相比最低的成交量，N 的范围是（20，120）。

绝大多数飙升引爆点都对应着地量，或者在地量附近一两个交易日。我们经常强调"乘势、借力、当机"，就股票投机而言其中的"乘势"就是市场情绪周期和赚钱效应；其中的"借力"就是指机构和游资相向而行；而"当机"则是进出场时机的把握，相当大程度上会涉及地量的运用。

那么，是不是一切地量都具有上涨的指示意义呢？

答案是否定的。

可以从两个角度来进一步解释为什么这样回答。第一个角度是地量具有四种类型，其中有两种类型提示了高风险的存在。第二个角度是即便地量出现在低风险的情景中，也未必一定会出现快速上涨走势。恰当的地量类型提示了高胜算率的机会，而高报酬率，或者说涨速以及涨幅则还需要分析催化剂/题材与板块效应等问题。

因此，如果我们想要高效地运用地量来把握买入节点，那么就必须清楚两个东西：一是地量的类型，不同类型的地量有着迥异的风险水平；二是地量与其他工具综合分析的策略，这就是系统分析的思路，可以进一步筛选出高回报水平的地量信号。搞清楚上面两个问题之后，你就能提升盈亏比以及胜率。

首先，我们来看地量的四种类型：

第一种类型是跌停板地量。价格跌停，成交量却萎缩到极致，这是什么情况呢？是持筹者不愿意卖出导致成交量萎缩，还是持币者不愿意买入导致成交量萎缩呢？

放量跌停表明买卖的人都多，只不过买的人倾向于低买，不愿意追高，而卖的人选择不计成本地抛售，并不愿意待价而沽（见图 2-39）。所以，放量跌停如果并非显著高位的话，未必是看空信号，至少资金愿意大量买入，关键看这个买入方是什么性质的资金？谁在买入？是主力借助于一次性利空或者最后一次利空趁机吸筹，还是主力借一次性利多或者最后一次利多趁机出逃？观察题材的性质和股价的高低、历史龙虎榜，以及获利筹码分布可以得出一些有益的结论。

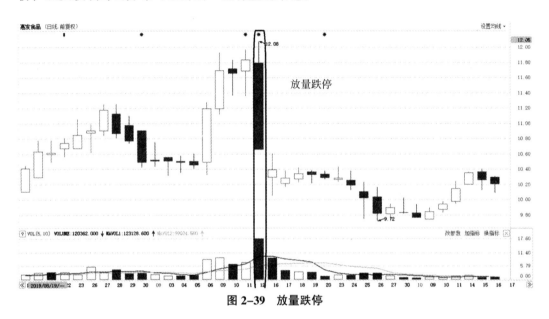

图 2-39　放量跌停

但是地量跌停在大多数情况下都意味着风险还未完全释放（见图 2-40），地量代表一致，也就是说无论是持币者还是持筹者都认可价格应该下跌，缺乏分歧就缺乏买卖。

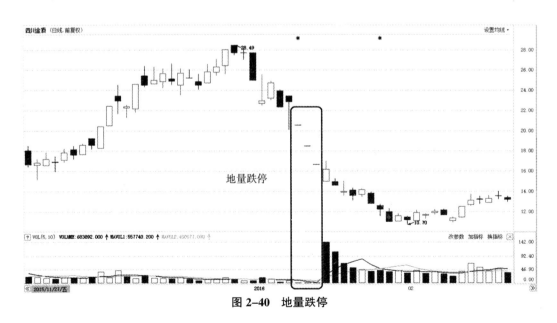

图 2-40　地量跌停

放量跌停至少意味着市场处于分歧状态，持币者和持筹者的看法存在重大分歧。如果买入者是更加聪明的资金，此后可能弱转强，从技术上来讲就可以确认。龙头首阴可能以放量跌停的面目出现，继续反包上涨，这就是超预期了，是"大肉"了。

撬跌停板的资金其实是火中取栗，时机非常重要。必须在下跌衰竭点处入手用力，这就需要对情绪的解读了。如何解读情绪呢？利空题材吸收程度、盘面挂单和成交情况、持筹者的成本结构、估值安全水平、市场情绪和指数环境、板块效应等都是考虑的重点。

因此，当一次性利空完全公布后，跌停板被放量打开，则可能是重大的抄底机会（见图 2-41 和图 2-42）。2019 年 1 月 31 日，天神娱乐披露《2018 年度业绩预告修正公告》，将 2018 年度业绩预计由 0 元至 5.1 亿元向下修正为-78 亿元至-73 亿元，修正的主要原因是对企业合并形成的商誉计提商誉减值准备约 49 亿元；对参与设立的并购基金出资份额计提减值准备 8.2 亿元，并对优先级和中间级合伙人的出资份额和收益承担回购或差额补足义务，预计超额损失 15 亿元；对联营、合营企业及其他参股公司股权投资计提减值准备约 7.5 亿元。公告出来后地量跌停，此前实际上已经持续下跌了很长一段时间，显然有资金已经先知先觉了。也就是说这则一次性利空消息已经被提前消化了一部分，那么经过地量跌停之后是否完全消化了呢？可以通过盘面来确认。

次日，放量撬开跌停板意味着有大资金进场做多，再结合此前的消化程度，可以判断风险基本释放完毕了。

图 2-41　地量跌停后放量撬开跌停板

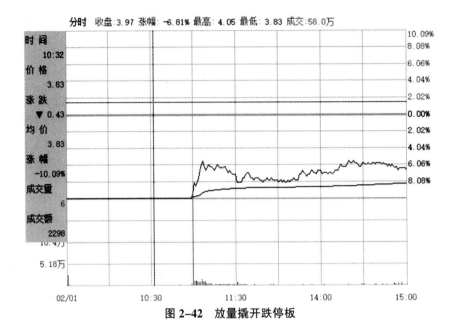

图 2-42　放量撬开跌停板

对于跌停板地量，我们不能在地量出现后立即买入，而应该等待风险基本释放后再进场，其中比较重要的确认信号是成交量放大，且越大越好；对应着实体 K 线，无论是阴线还是阳线，但不能是 T 字跌停。这时就是对持续下跌的一致看法转变得有分歧了。**有了这个放量 K 线还不够，最好等此后价格上破这根 K 线的高点再进场。这意味着放量位置的买家有实力的资金，是主力以资金交换了散户持有的筹码。**比如，卓翼科技这个例子（见图 2-43）。

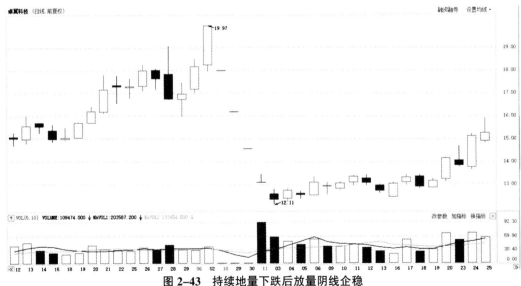

图 2-43　持续地量下跌后放量阴线企稳

第二种类型是涨停板地量。涨停板与地量一同出现，往往就是一字涨停板（见图2-44)，属于缩量涨停的极端类型。缩量代表一致，地量代表极端一致。涨停叠加地量就是极端一致看好。

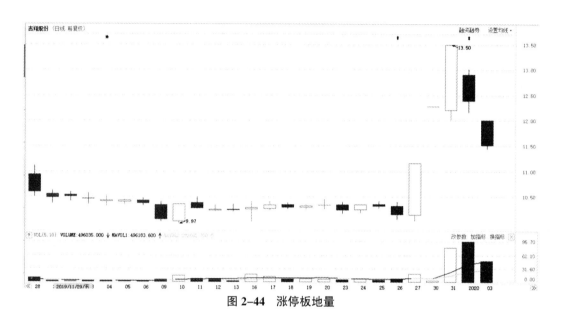

图 2-44　涨停板地量

但市场高度一致的时候，转折的风险就加速累积了。那些短命飙升股，一波上去后就一头栽下来的"害人精"往往都有这个特征。上涨途中换手不充分，股价也就走不远，越涨获利盘越大。只有充分换手，才能保证筹码平均成本不断上行，抛压也就不那么大。**"烂板出妖股"，"换手出龙头"，这两句谚语背后都有深刻的博弈论原理支撑着。**

通常情况下，一旦龙头股出现缩量，甚至地量涨停的情况，如果叠加板块十几个以上的涨停个股，那么板块肯定到高潮了，次日或者隔日就会出现强弱分化，甚至炒作结束，这就是一致转分歧了。在高位分歧中，是否有主力游资借力是行情能够继续上行的关键，因此高位分歧日，也就是放天量这天的高点能否被突破是技术上确认换手龙是否出现的要点之一。

地量一字涨停板后的天量日如果被跌破，则趋势短期下行概率大。请看三只松鼠（见图2-45）和值得买（见图2-46）的实例。

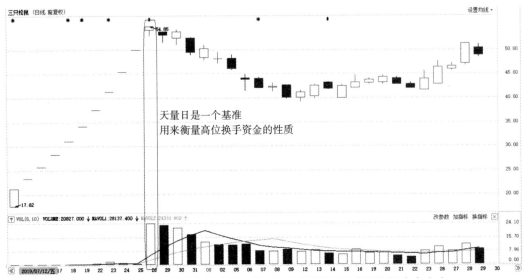

图 2-45 地量一字涨停板后的天量日被跌破则趋势短期下行概率大（1）

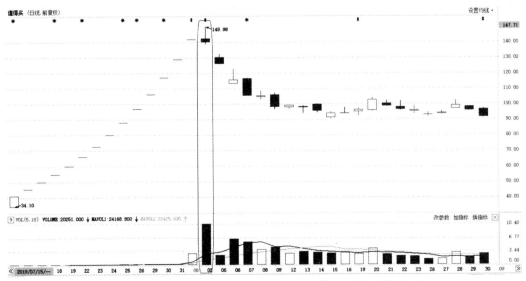

图 2-46 地量一字涨停板后的天量日被跌破则趋势短期下行概率大（2）

地量一字涨停板后的天量日如果被升破，则趋势短期上行概率大。请看嘉禾智能（见图 2-47）和三角防务（见图 2-48）的实例。

当然，这只是从纯技术的角度考虑。指数环境和近端次新股板块的整体走势、对标的情况以及公司本身基本面也应该考虑，说开来又要几个章节了。

第三种类型是长时间显著下跌后的地量，也就是至少两波下跌之后出现的地量。这种走势代表着"冷门股"，**如果这只股票在价值和题材方面有可圈可点之处，那么显**

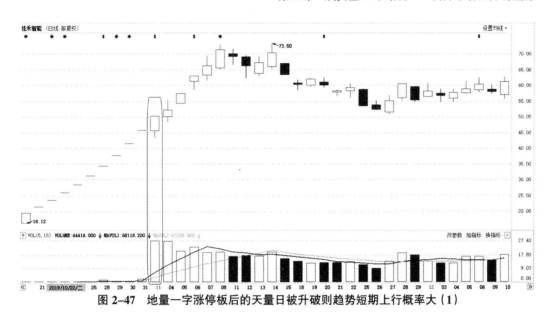

图 2-47 地量一字涨停板后的天量日被升破则趋势短期上行概率大（1）

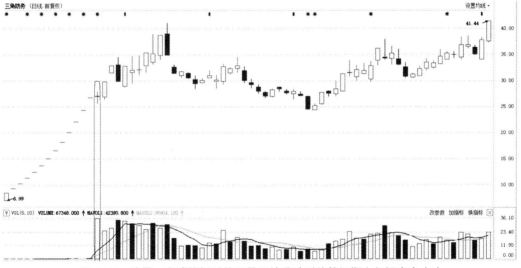

图 2-48 地量一字涨停板后的天量日被升破则趋势短期上行概率大（2）

著放量上涨就表明有大资金看上了，但是要注意排除广泛传播的一次性利空题材，那种放量涨停往往是一日游。对于价值投资类个股而言，显著下跌后，特别是两波放量下跌后开始缩量企稳，那就是一个较好的进场点。

第四种类型是显著上涨至少一波后回调出现的地量。这种类型的地量是我们做投机时的重点关注对象。比如华天科技（见图 2-49），显著上涨一波，然后下跌，这个下跌整体是缩量的，而且在下跌幅度小于此前上涨的幅度时企稳，出现了看涨 K 线形态。

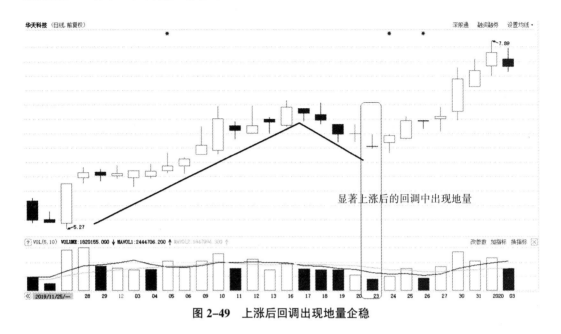

图2-49　上涨后回调出现地量企稳

第四种类型是技术上比较安全的节点，飙升引爆点存在其附近的可能性较大。四种类型的地量中，我们最为重视第四种。

那么，我们如何将第四种类型的地量与其他工具结合起来提高报酬率和胜算率呢？简单来讲，我们要考察催化剂、斐波那契点位、K线形态、震荡指标等维度。

地量如何与催化剂结合起来使用呢？华天科技是华为概念股和国产芯片概念股，2019年这两个题材都是主流，与国家大战略和产业大背景关系密切。**大政策、大科技和全新故事，最容易成为生命力和影响力强大的题材。**2019年，大麻概念股为什么能够火，人造肉题材为什么能够火，无线耳机为什么能够火，自主可控为什么能够火？

地量如何与斐波那契点位和K线形态结合起来使用呢？华天科技回撤到0.382点位出现了锤头线（见图2-50），对应着地量，这就进一步增强了逢低买入的安全系数。

回到本书的框架中，地量在N字结构中处于什么位置呢？**N字第二波与第三波的临界点往往就是地量。**整个第二波可以看作是分歧、是换手、是调整、是洗盘，地量后放量上涨，那么就是机会来了。

实际上，地量后放量是真正的试金石，这点你发现没有？没有经历缩量或者地量后的放量，其价值就要大打折扣，其中的奥义你如何去理解呢？分歧是持币者和持筹者的分歧，一致是持币者和持筹者的一致。

分歧一致再分歧，只有分歧之间存在一致，我们才能明白两次分歧极有可能具有截然不同的性质。

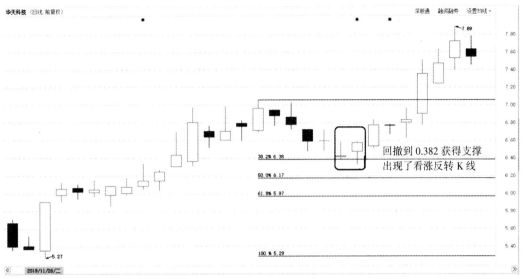

图 2-50　斐波那契点位

在显著放量为近期天量之中，谁在卖？谁在买？持币者怎样想，持筹者怎样想？里面的资金是什么性质？对标估值和题材性质是否支持股价进一步上涨呢？

一句话，地量是引子，天量是主子！

一致引发了分歧，分歧主宰着一致的方向和高度！

蜡烛线 N 字结构——狙击涨停板的杀手锏

K 线源于日本，是日本大米交易商发明的一种价格跟踪手段，由于日本受到中国阴阳道家哲学的深刻影响，所以日本的 K 线自然也就以这种哲学作为基础和主宰。K 线的本来名称是蜡烛线，因为形状好似蜡烛而得名，之所以又被称为 K 线，主要是因为蜡烛线的英文名称，也就是 Candlesticks 的开头发 K 音，所以被简称为 K 线。在 20 世纪下半叶，日本的 K 线技术被引入西方，斯蒂芬·尼森是这项工作的主要贡献者，他因此也被称为"西方蜡烛图之父"。在西方交易界，不用蜡烛线的人与采用蜡烛线的人一样多，像混沌大师比尔·威廉姆就不采用蜡烛线。这些人之所以不采用蜡烛线主要原因有两个：第一，蜡烛线比竹节线占用过多的屏幕面积；第二，**他们不了解蜡烛线的功用和背后哲学。**

错误地使用 K 线技术导致的不良后果，使得不少交易者对于 K 线不抱太多的奢望。其实，K 线的最大作用在于确认市场运动在某一点遭遇的作用力有多大，具体而言就是确认特定位置上的支撑和阻力强度。在西方技术分析界里，**要确认某一点支撑和阻力的有效程度主要是利用成交量和突破程度来度量。**由于黄金现货等市场的成交量并不可靠，所以只有特定市场才能采用成交量来确认支撑和阻力的有效性。而突破程度往往具有很大的欺骗性，比如多头陷阱和空头陷阱就是利用假突破的典型形态。

竹节线是西方主要的图标类型，对于 A 股投机客而言，K 线更加熟悉。

四度斐波那契操作法就是利用 K 线形态来确认特定斐波那契点位的有效性。在 N 字结构操作法中，持续 K 线出现在第一波和第二波中，而反转 K 线则出现在第二波开始和结尾处。

但是，K 线本身并不能表明市场的趋势和位置，表明市场趋势的是价格的整体运动，而表明关键点位的往往是价格的高低点和成交密集区。这是 K 线的局限性所在。**K 线反映的是局部信息**，是一个确认局部状况的良好工具。只有明白了 K 线的"能力范围"，才能恰当地使用它。

从市场的整体运行而言，多空是根本性的二元力量，就市场的局部运动而言，多空也是最基本的二元力量，所以 K 线的形态和用法应该贯穿这种二分法，贯穿这种哲学，只有这样才能体现市场的本质。

识大体是不可能靠 K 线的，整体而言，N 字结构比 K 线更接近趋势的概念。虽然，两者都不能看成是趋势本身。

第一节　局部与整体：蜡烛线与趋势

趋势是持续性的，这是趋势的最本质特征，否则我们按照"顺势而为"的原则去操作就毫无意义了，这种持续性从交易巨擘杰西·利弗摩尔开始就被不断强调，直到今天仍旧被奉为圭臬，但是大众之所以无法接受这一观念原因有两个：第一个原因是刚才提到的方向和趋势的混淆，股票短线炒卖的参与大众往往将当下的走势当作趋势，追涨杀跌并非是顺势而为的最好注解；第二个原因**是趋势是持续的，但是更是稀缺的**，而大众追求高胜率的倾向使得他们往往无法忍受趋势的这种稀缺性，在没有明显趋势的走势中，顺势而为者会有不断的亏损，这就要求交易者采取"试探—加码"操作法。如果没有趋势，则交易者的亏损都被限定在试探性的轻仓上，但是一旦碰到真的趋势，则价格走势不会很快了结，也就是说趋势具有持续性，所以趋势给了加码天然的机会，只有具有趋势的走势才会给交易者加码的机会。

趋势是全局性的，趋势是持续性的，趋势是稀缺性的，这就决定了顺势而为必须采用整体观念，采用试探—加码操作手法。

趋势的两重属性，第一是持续性，这是大家熟知的，也是最误导人的，因为在没有理解第二属性的基础上理解第一属性肯定要出偏差。第二是稀缺性，也就是说单边走势是很少的。什么时候股价能出单边走势？主力深度介入的时候。什么时候主力深度介入？题材重大，且持续性强，或者是业绩持续看好的时候。

那么，K 线与趋势有什么关系呢？K 线之所以被西方部分技术交易者忽略，其中一个很重要的原因是经典的 K 线教科书把 K 线的反转信号当作全局性顶底来教授，而在实际运用中不少西方技术交易者发现 K 线的反转信号往往会使交易者与趋势对着干。其实，K 线是微观信号，是局部信号，而不是关系整个市场顶底的信号，在日内交易时间结构上更是如此。但是，足够数量的 K 线可以告诉我们一些关系趋势的信息，比如阳线相对于阴线的数量，阳线实体相对于阴线实体的大小，不过这些方法的主观性较强，**而且稍显复杂，比起用移动平均线和趋势线来厘定趋势，这种分析方法的效率较低**。K 线是趋势的载体，是价格走势的血肉。无论是趋势还是方向都是由 K 线来表达的，但并不是一根 K 线，而是许多根 K 线。行情技术分析的三个要素如表 3-1 所示。

整体之和并不等于整体，K 线之和也不等于趋势。

表 3-1　行情技术分析的三个要素

行情技术分析的三个要素		
势	位	态
宏观信息	中观信息	微观信息
主要工具为 N 字法则	主要工具为斐波那契分割线	主要工具为 K 线

对股价走势进行技术分析，要把握三个要素，这就是"势位态"三要素，**趋势就是市场运动的主要方向**，而不是次要方向，位置则是进场和出场可以凭借的特别价位，比如阻力位和支撑位。一般而言，股票进场做多可以凭借支撑位"见位做多"，凭借阻力位"破位做多"，这些是后面会提到的内容。而"态"则是确认趋势和位置有效的工具，股价的 K 线形态是最常用的"态"分析工具。在势位态三要素分析中，N 字结构基本上综合这三个方面，如图 3-1 所示。

趋势是否存在要看题材和主力而定，技术走势只能作为确认，有点马后炮的意味。

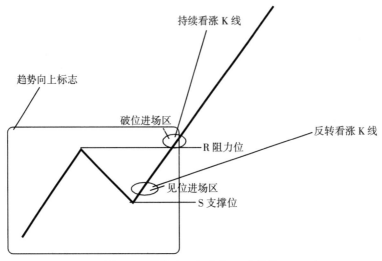

持续看涨 K 线

趋势向上标志

破位进场区

反转看涨 K 线

R 阻力位

见位进场区

S 支撑位

图 3-1　势位态三要素与 N 字结构

第二节　阶段底部的阳线与涨停

提前埋伏后让涨停板来追我，而不是我追涨停板，这对于绝大多数投机客而言更容易接受。埋伏对象却要精挑细选，刚形成 N 字结构的个股值得我们纳入股票池作进一步筛选。

　　股价 N 字结构中对操作有显著意义的是阶段性底部的反转蜡烛线形态，这个形态绝大多数都含有中阳线或者大阳线，如图 3-2 所示。同时 N 字结构的末端一般含有涨停板，这就是说涨停出现在 N 字结构第二阶段上涨的概率很大，通过把握上涨 N 字结构可以收获意外之功——**抓住涨停板**。

　　N 字结构中的调整蕴含了阶段性底部，而看涨反转蜡烛线标注了这一阶段性底部，本书建议一旦出现这样的阶段性底部则可以介入，而不用等到股价创出新高之后，这种方法是我们经常采用的"见位进场法"，如果等待股价突破前高，N 字结构已经进入到第二阶段上涨的时候再介入则被称为"破位进场法"。在本小节中，大家要着力把握上涨 N 字结构、阶段性底部、看涨反转 K 线、阳线和涨停五者之间的联系。

图 3-2　阶段性底部的阳线和涨停

我们再来看一个实例，请看图 3-3，这是首创股份的日线走势图。股价从 4.27 元的低位跳空爬高之后出现了横盘整理，其间出现了较为显著的实体阳线，这表明了阶段性底部的初步确认，然后股价大幅度上涨，在最后的拉升阶段出现了涨停板走势。

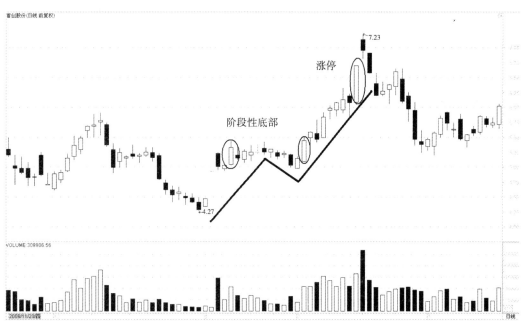

图 3-3　首创股份阶段性底部中的阳线和后续涨停板

这样的例子每天都会见到很多，在牛市则是天天有上千只股票走出这样的形态，在熊市你按照我们的方法去操作也会做得很好，**不过在第一个上涨 N 字形成之后的第二个上涨 N 字结构的调整阶段介入，第一个上涨 N 字结构以采用创新高介入为主**，如图 3-4 所示，当然如果你是激进交易者，同时能够以 N 字结构解读大盘指数，则你也可以轻仓在第一个 N 字结构中采用见位进场。

要确认上升趋势中，我们要求至少已经形成一个突破了的 N 字结构。如果一个 N 字结构都还没有形成，第三波只是有点苗头，这样的情况我们不参与。第一个 N 字结构完全形成后，可以择机在"窒息量"出现后参与。

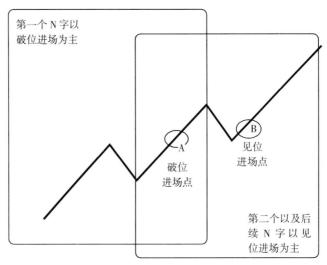

第一个 N 字以破位进场为主

A
破位进场点

B
见位进场点

第二个以及后续 N 字以见位进场为主

图 3-4　不同市场阶段下的 N 字结构进场策略差异

题材刺激是涨停板的驱动因素，行为层面可以从价量 N 字结构去考虑。本书着重讲行为层面，驱动因素可以参考《题材投机》的全面讲解。

除了通过股价 N 字来提高把握涨停板的概率，还应该注意成交量的变化，毕竟短线主力吸筹—洗筹—拉升的过程在成交量上可以得到验证，而涨停板往往是主力拉升阶段的副产品，所以把握了主力，也就**把握了涨停板**。如图 3-5 所示，这是包钢股份的日线走势图，成交量形态可以从副图中观察出来，股价的上涨 N 字与成交量的上涨 N 字形成了完美的配合，这对于借助于上涨 N 字介入的短线炒家而言是非常好的时机，此后拉升阶段主力很自然地做出了涨停板来吸引人气以便最终出货。

N 字结构中的回调阶段与斐波那契比率有密切关系，我们在《高抛低吸：股市斐波那契四度操作法》中详细介绍了斐

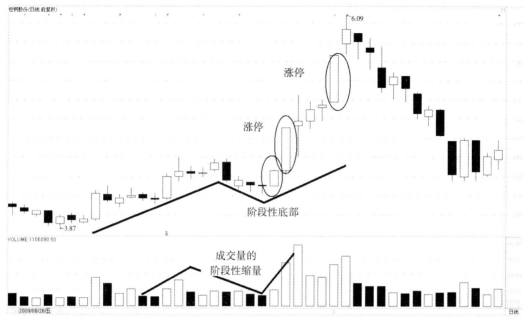

图 3-5 价量 N 字结构、阶段性底部与涨停之间的关系

波那契比率对于股票短线操作的实际意义以及具体的运用方法，这里我们会告诉大家"四度斐波那契操作法"和"神奇N字结构盘口操作法"的密切关系。神奇N字结构盘口操作法中对于上涨股价的中继调整非常重视，而这个调整往往在斐波那契回调比率处结束，而调整末端出现的看涨反转K线则确认了某一斐波那契回调比率支撑的有效性。我们来看一个实例，请看图3-6，这是 *ST 盛润 A 的日线走势图，股价在 AB 段呈现第一波上升走势，然后回调到 0.5 斐波那契比率处获得支撑，出现了看涨吞没，阶段性底部确认，交易者可以短线介入，这就是神奇N字结构盘口操作法的入场机会了，无论你从"斐波那契四度操作法"的角度还是"神奇N字结构盘口操作法"的角度去理解都是可以的，但是"神奇N字结构盘口操作法"更适合于积极进取型的交易者，而"斐波那契四度操作法"则主要适合被动防守型的交易者，不过两者是可以相互转化的。

我们股票短线交易的技术框架建立在两大理论基础上，第一是N字结构理论，这是本教材讲授的内容，第二是斐波那契四度理论，这是《高抛低吸》讲授的内容。斐波那契四度理论并不是简单地用斐波那契点位预测价格目标，还需要结合其他一些因素，特别是K线形态。光有技术还不行，还需要灵魂，这就是《题材投机》这本书讲授的内容。A股任何短线技术最终都要由"题材"来统率。要用好技术、要抓住热点题材需要系统的思维，这就是《股票短线交易的24堂精品课》涉及的课程，要分析大盘、板块以及个股。

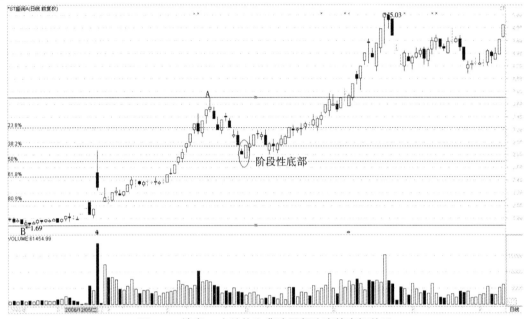

图 3-6　神奇 N 字结构和斐波那契比率的密切关系

　　确认斐波那契的支撑有效，或者是标注 N 字结构的阶段性底部确立都是依靠一些看涨反转的 K 线，其中一般都有实体较大的阳线。这些看涨反转 K 线主要包括早晨之星、看涨吞没等，如图 3-7 和图 3-8 所示。

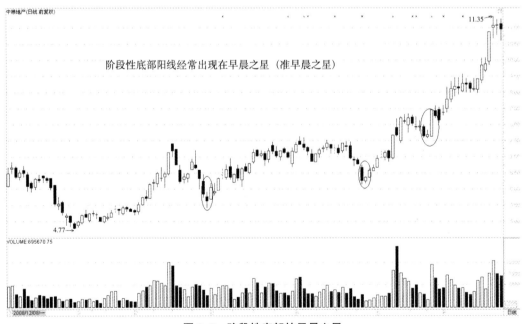

图 3-7　阶段性底部的早晨之星

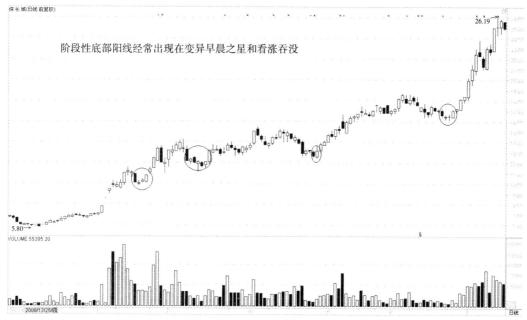

图 3-8　阶段性底部的早晨之星和看涨吞没

　　所谓的早晨之星就是一个较大实体阴线接着实体较小蜡烛线然后接着较大实体阳线；所谓的看涨吞没就是较小实体阴线接着较大实体阳线，阳线的实体部分涵盖了阴线的实体部分，具体可以参考《高抛低吸：股市斐波那契四度操作法》一书。

第三节　庄家和市场一定会做的事情：蜡烛线 N 字结构

　　为什么股价的走势会呈现 N 字结构？这是庄家的运作意图和手法，以及市场自身的规律决定的。主力要运作就要先以低价拿到尽可能多的筹码，**然后减轻浮动筹码，避免散户中途获利先于庄家出逃**，最后要快速拉升，让股价尽快脱离自己的成本区，同时通过飙升（很多时候体现为涨停板）来吸引市场参与大众的注意，以便自己全身而退，在高位与散户交换筹码。主力的这一套运作机制使得股价的走势不得不

　　什么筹码是浮动的？什么筹码容易浮动？获利丰厚的筹码是浮动的，刚解套的筹码是浮动的，刚套住的筹码是"坚定"的，深套的筹码往往也是"坚定"的。

呈现出上涨N字结构。

市场可以被看作全息宇宙的体现，宇宙的生发规律透出了斐波那契比率，很多事物的生长都是按照斐波那契比率展开的，市场的运行也是如此，N字结构体现了斐波那契比率，如图3-9所示，同时也体现了辩证法的"三段论规律"或者是"肯定—否定—否定之否定"规律。AB段是N字结构的第一上升段，**BC段对AB段进行调整，倾向于在0.382~0.618附近获得支撑，获得支撑的标志是在这一区域出现了中大阳线，然后股价继续发展，衍生出CD段**，这就是涨停板出现概率较高的波段，也是一般书籍所谓的"主升段"。N字结构体现了宇宙普遍存在的"三段论"和"斐波那契比率"，这也是市场体现出的全息宇宙的一面。

BC段的终点往往是AB段的斐波那契回调点位，而CD段的终点往往是AB段的斐波那契投射/延伸点位。

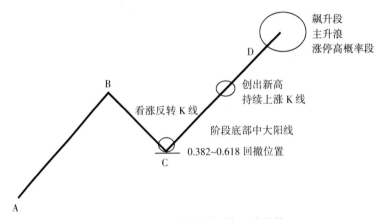

图3-9 股价（蜡烛线）的N字结构

在《高抛低吸——斐波那契四度操作法》中你将看到更多的例子，你也可以自己动手去度量，这样的例子随处可见。

下面我们来看一个实例，请看图3-10，这是泛海建设的日线走势图，这样的例子你每天在所有个股上几乎都能看到，**所以你不必担心是不是理想特例**。股价从7.40元一路上升，达到A点之后出现了回撤，回撤到0.5斐波那契回调比率处出现了早晨之星，确认了此处的支撑有效，也就是阶段性底部确立（此时就是入市的好时机），然后股价继续上升，进入飙升阶段。其中的N字三段和斐波那契比率得到非常好的体现，这里还要补充一点的是图3-9中的CD段长度往往是AB段的斐波那契倍数，比如常见的1倍、1.382倍、1.618倍、

2.618 倍、3.618 倍等，所以 N 字结构中不光体现了斐波那契回调比率，还体现了**斐波那契扩展比率**。

斐波那契扩展也被称为斐波那契投射或者斐波那契延伸，其作图方法与斐波那契回撤存在区别。回撤的起点是前一波的终点，而投射的起点则是第二波的终点。回调是设定前一波为单位 1 长度，而投射则设定第一波为单位 1，投射之前已经有两波运动了，而回调之前只有一波运动。

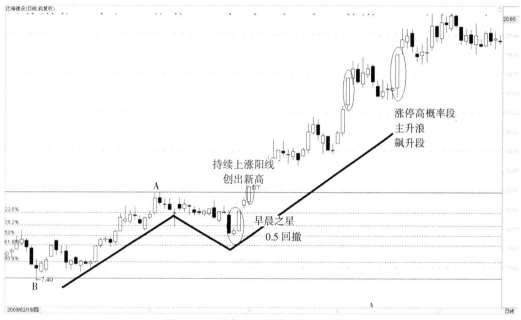

图 3-10　泛海建设的蜡烛线 N 字结构

斐波那契四度操作法强调的是宇宙的普遍生长比率，是宇宙的数理关系；神奇 N 字结构盘口操作法强调的是宇宙的普遍发展形态，是宇宙的象形关系。**"象、数、理"三者是紧密相关的**，所以斐波那契四度操作法和神奇 N 字结构盘口操作法是紧密相关的，两者都体现了群体行为、主力行为和市场运动背后的"客观规律"或者说"大概率现象"。请看图 3-11，也是泛海建设的同一段走势，不过其中加入了成交量和 KD 指标的走势。斐波那契四度操作法是在"斐波那契比率、K 线、成交量和 KD 震荡指标"四者的基础上构建起来的，图 3-11 就展示了斐波那契四度操作法的精髓，股价在以

斐波那契比率或者说黄金分割比率是行情运动的"数"，而 N 字结构或者说分形是行情运动的"象"，而题材和主力则是行情运动的"理"，我们的操作就是建立在"象数理"综合观察和分析的基础上。帝娜的股票短线交易体系是一个有机的整体，毫无多余的部分，也没有牵强附会的部分。

这里的"准地量"其实就是"窒息量"，我们之前反复提到的这个信号，你注意了吗？

看涨反转形态在 0.5 回撤位置处确认了支撑有效，同时成交量缩小，而 KD 指标在中线附近金叉，按照斐波那契四度操作法的分析这是进场买入或者加仓的信号。而按照神奇 N 字结构盘口操作法的分析，则 BA 段是第一上升段，此后股价调整，出现早晨之星，对应的成交量也是放量后缩量，然后再度开始放量，对应于早晨之星阳线的成交量从**准地量**拉起，无论是 K 线还是成交量都呈现出了上涨 N 字结构，于是我们的见位介入机会来临了。

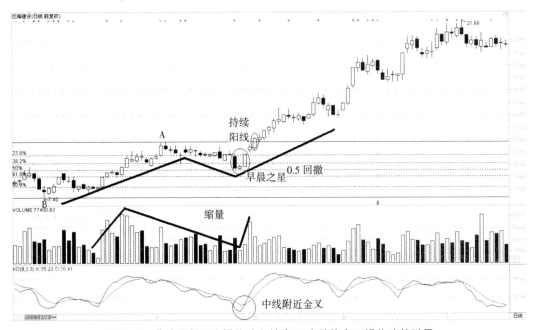

图 3-11　斐波那契四度操作法和神奇 N 字结构盘口操作法的融贯

图 3-11 体现出了斐波那契四度操作法和神奇 N 字结构盘口操作法之间的密切关系，大家可以深入地去理解和掌握，将攻守之法纳入自己的手中。

第四节　升华与思考——【龙头首阴与高位反包】

狙击涨停板，除了打板和半路之外，也存在低吸的方法，"龙头首阴"就提供了这样的机会。风险在于是否是"真龙"，是否是"假摔"。如果是"假龙"，如果是"真摔"，那就是高风险的操作了。

首先要搞清楚"龙头"的定义。**龙头必然是领涨的。不论是领涨市场，还是领涨板块。不能领涨的不算龙头。**龙头可以是空间龙头，也可能是板块龙头，基本面越是独特越好，特别是具有"妖气"的龙头。龙头可以是"龙一"，也可以是"龙二"。**"妖龙"最容易出现首阴等"假摔"类进场机会，除了阴线，还有大长腿等"假摔"**类型。

我们这里只谈龙头股，特别是黑马龙头股，也就是游资的板块领涨股或者妖股。

其次要搞清楚"首阴"的定义。一波上涨两个涨停板之后首次出现的真假阴线、十字星都属于"首阴"范畴。

"龙头首阴买入"利用了强势股强大的生命力，同时也是反人性的操作。上涨后突然下跌容易引发观望和恐慌盘，这时候市场人气似散非散，一致转为分歧。在分歧中，大多数人是"墙头草"，在犹豫与恐慌中敢于抄底的人少之又少。场外持币的散户大多数会采取观望态度，场内持筹的部分人则会落袋为安。

在这种情况下，为什么游资等主力敢于进场呢？第一，龙头股的人气不容易完全散去，市场号召力很强，只要有企稳迹象很容易重新聚集人气。第二，龙头股往往具备业绩预期、题材和筹码的天然优势，内在生命力顽强。第三，短期内下跌会产生大量的"迟疑者"，一旦弱转强他们马上就会变得乐观，跟风盘涌现。

现阶段"妖龙"出现的首阴机会胜算率和报酬率最高，因为"妖"都是"超预期"的。比如"龙头首阴买入"这类策略之所以有效，**底层逻辑就在于"超预期"，主力割韭菜能够成功很大程度上归功于"大众的盲点"。如果大多数人都敢在"龙头首阴"买入，主力肯定会反其道而行之。**

孙武子讲"战胜不复"，为什么"不复"？因为对手盘也在学习，不断演化。**你的计谋要有效建立在对手的反应基础上，如果对手的反应习惯发生了深刻变化，那么必然就需要彻底改变策略的架构了。**

首先，我们来看高胜算龙头首阴的结构特征。

第一，这波走势至少已经出现过两个涨停板了，持续上涨态势明显，可以用飙升来定性。**"两板定龙头"**虽然机械，但却是一个能够大幅提高"去伪存真"效率的"拇指法则"。**一轮上涨超过 5 个涨停板后的阴线，不在此列**，即便参与，也不是按照"龙头首阴战法"，而属于"龙头第二波战法"的范畴了。

比如漫步者这个例子，在三个涨停板后出现阴线时，是可以介入的（见图 3-12）。首阴后的调整就不太规则了，而且时间更长，幅度更深，应该按照第二波的原则去预判和处理，从漫步者这个例子仍旧可以看出来。首阴反包后继续上涨的空间和概率都远超此后的阴线反包，当然也离不开赚钱效应和板块轮动等整体氛围。

图 3-12　两板之后的首阴

第二，此轮上涨已经翻倍的个股，除非其他因素整体优秀，一般应放弃。这类个股通常很难获得游资接力拉升。如果这波上涨的最低点到最高点并没有翻倍，那么相对而言就更容易维持市场人气。

上涨后的下跌有些会重伤人气，有些则无碍人气，区分在什么地方呢？什么样的下跌会让情绪元气大伤，什么样的下跌并不妨碍此后重新发力？龙头下跌一怕时间长，二怕程度深。因此，龙头喜欢单日调整，甚至盘中调整，这样才有了"首阴战法"和"大长腿战法"。

敢于接力的游资都熟稔个中三昧，**人气乱而不散，这就是火候**。调整就是"乱"，资金继续关注就是"不散"。

第三，连续出现两个以及两个以上缩量一字涨停板的强势股，放量首阴时不要匆忙介入，最好等高位反包成功后再结合席位和筹码分析决定是否进场（见图 3-13）。

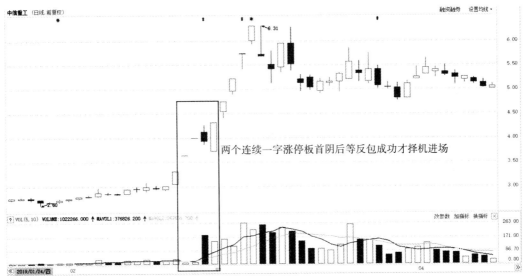

图 3-13　一字涨停板后反包成功再介入胜算率更高

比如宝德股份这个例子（见图 3-14），三个连续缩量一字涨停板，换手不充分，很容易被闷杀。同时，这个例子也不符合我们提出的第一条——"不要超过 5 个涨停板"。

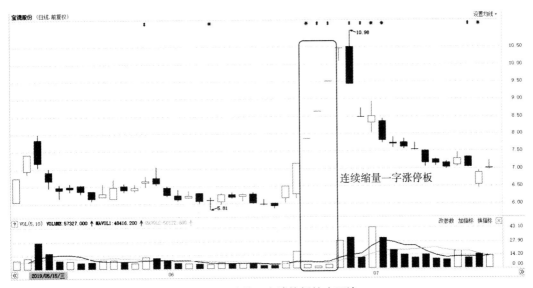

图 3-14　连续一字涨停板接力不济

换手足，则根基稳。换手量如同地基，地基不稳的连续一字涨停股，涨起来你买不着，跌起来你卖不出。这类股，下跌的时候连个像样的反弹都没有，而且首阴后要么没有反包，要么反包后上涨空间有限。换手充分的强势股，首阴后反包的概率更高，反包后继续上行的空间也充足。

第四，强势股维持人气时往往不会跌破 5 日均线，当然稍微跌破一点均线也是可以的，跌破太多的话，如果又缺乏其他强有力的驱动和资金因素支撑，则应该选择放弃。5 日均线可以死板地当作是"人气乱而不散"的衡量标准，价格跌至 5 日均线，这就是"乱"，但是并未有效跌破，这就是"不散"。当然，市场是发展的，参与者都在进化，也不能刻舟求剑。

参与者的条件反射行为改变了，我们也必须改变，因之变化谓之神。

第五，首阴当日成交量是放大的，也就是充分换手了。人气不散，高位充分换手则改变了持仓者的平均筹码成本，这就成了新起点。

第六，不要只记得"首阴"，还要铭记"龙头"两字。只有龙头才能形乱而神气不散。龙头必然是主流板块的领涨股，资金和市场认可是第一位的。所谓的"两板定龙头"也是基于资金和市场认可的角度。再者，可以从驱动逻辑上去把握，业绩预期上谁最受益于催化剂？谁的业绩弹性最大？谁的盘子最小最干净？谁是行业龙头？领涨和正宗是龙头的关键特征。

第七，市场环境良好，至少不处于恐慌之中。市场最好有赚钱效应，板块梯队基本完好。首阴后次日对大盘的人气也要有所预判，至少次日大盘不跌。次日大盘的人气和赚钱效应可以从昨日涨停股今日集合竞价的情况、开盘时涨停股数量等指标直观感受出来。

无论何种龙头战法或者说涨停板战法，赚钱效应都是成败的核心。在我们这里，"赚钱效应"是一个具体可以量化的工具，并非是一个虚无缥缈的概念。

其次，我们谈一下"龙头首阴"的买点类型。

买点主要划分为三大类型，第一大类是首阴当日买入。第二大类是首阴次日买入。一般认为首阴当日尾盘买入的获利空间更大，可以博弈次日的高位反包。龙头首阴战法在某段时间内如果连续成功，则买入点会提前，会在首阴的当天尾盘反包，形成"大长腿模式"。第三大类则是反包成功后介入，这里就不展开讨论了。

首阴当日买入的要点是什么呢？如果日内股价以箱体震荡的形式波动，则是低吸胜算率较高的结构。首阴单日买入最好等到分时上出现 N 字底或者 W 底时才杀入。对于早上快速秒板缩量涨停后下来大阴线，当日不要去低吸。

首阴次日买入的要点是什么呢？首阴后次日，大盘是上涨的，但是该龙头股却低开，这个时候应该当机立断买入，这是很好的低吸机会。有时候会低开 4 个点左右，这个时候不低吸，后面追高也来不及了。开盘后或许会稍微下拉一下，但很快就上行了。

不过，如果首阴后次日高开或者低开超 9%，则一般不参与，除非有其他特别支持的有利因素。

首阴次日买入可以在集合竞价阶段买入，也可以在开盘后不久买入。关于集合竞价的分析要点，我们会在后续专门的章节中介绍，这里限于篇幅不再展开。

买入后的离场思路又是怎样的呢？

通常情况下，首阴后次日就会上涨反包，这就是比较强势的，人气恢复得快的。也有一些情况是继续调整一两日，形成一个小平台，比如万兴科技的情况（见图 3-15）。通常情况下，龙头首阴后介入的目标利润至少有 15%。

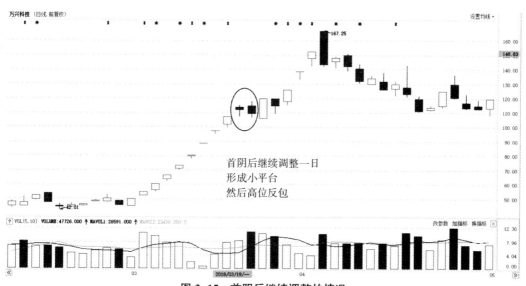

图 3-15 首阴后继续调整的情况

因此，**可以在浮盈 15% 左右减仓部分，剩下的仓位则跟进止损，等待缩量上涨后放量调整的机会卖出，特别是高开异常放量的时候**。早盘头几笔大筹码要结合此前的席位和盘口大笔成交来分析，聪明大资金走没有？涨停跳空高开，马上砸出一笔大单子，你就需要马上对上号，走人！

最后，我们区别一下"龙头首阴战法"和"龙回头战法"或者说"龙头第二波战法"之间的差别。首阴战法往往用在龙头第一波上，调整时间很短，一般是一日。龙

回头战法则用在前期热炒后调整一段时间的热气龙头上。首阴一般以 5 日均线为调整底线，而龙回头一般以 10 日甚至 20 日均线为调整底线。龙回头非常适合基于"斐波那契四度操作法"判断进场时机，具体来讲就是从斐波那契回调点位、低位金叉、缩量和看涨反转 K 线等角度来锁定"龙回头"的买点。

分时图 N 字结构——见微知著的庄家相术

"分时走势图"也叫"即时走势图"，它是把股票市场的交易信息实时地用曲线在特定坐标图上加以显示的技术图形。坐标的横轴是开市的时间，纵轴的上半部分是股价或指数，下半部分显示的是成交量。**左边显示了一些挂单和买卖盘统计数据**。分时走势图是股市现场交易的即时资料，对于揣摩主力进退和交易大众的意图很有意义。本课我们主要从分时价格和成交量，以及买卖盘的角度来演绎 N 字结构的理论精髓和实践策略。本课的内容可以单独用来操作权证买卖，毕竟权证交易主要是基于分时图走势的技艺。很多人对于分时走势图的关注更多的是及时了解持仓的盈亏，而不是为了更好地分析行情。

L2 可以帮助我们更好地观察排单队列和挂撤单情况。

随着金融市场的发展，权证这类衍生品早晚还是会复兴起来。

第一节　分时图和买卖盘基础

个股炒家基本都是以股价的日线走势形态来判断当日走势的强弱变化，但是日蜡烛线容易遭到强大的人为因素的刻意操纵，比如大阳线可以通过操纵收盘价来达到，简单地从当日 K 线是阳线还是阴线上并不能完全确认股票走势的真正力度如何，所以必须通过**盘口信息语言的分析来最后印证日**

盘口要结合大盘和板块走势来分析，强于大盘还是弱于大盘，板块龙头走势如何，这些都是需要思考的东西。

不少股票软件提供了盘后重演盘口的功能，这个可以利用好。但不是每只股票都要去看分时，没有那么多时间做这样的功课，也没有这个必要。

大额挂单和大笔成交是最为重要的盘口信息。

谁在买？谁在卖？里面的人怎么想？外面的人怎么想？结合技术点位、价量形态与题材才能想明白这个问题。

间判断是否正确。对一个超级短线炒家而言，个股盘口信息的研判和解读能力标志着其看盘水平的高低，会直接影响其操盘的效果。对个股走势的盘口信息予以正确的破解，将使短线炒家能够通过大盘趋势和个股日内走势特征，看出多空双方力量的强弱转化，从而把握好个股短线炒卖的规律，这也是短线盈利尤其是超级短线制胜的一个关键因素。

所谓的盘口信息最主要的是指股价或股指的分时走势图上所显示的信息。它详尽勾画出股价的**每日完整的成交过程细节**。它可以清晰地反映当日交易者的成交价格和数量，体现交投双方的买卖意愿。

盘口信息主要包括：分时走势图、委托盘、委托买卖表、每笔成交量、价量成交明细图表、**大手笔成交**、内盘、外盘、总笔、当日均价线等。当然还包括当日最大成交量价格区域、最高最低价、开盘价和收盘价等。这些盘口信息构成综合的"盘口语言"。

限于目前数据传输的局限和分析软件的缺陷，一般交易者常常难以看到真实的交易情况，加上各类主力和庄家频频在盘中制造陷阱骗钱，使散户投资者往往误读真实的交易过程。为了能更好地把握博弈参与者的力度变化和意图变化，短线炒家必须学会看懂分时走势图，掌握"盘口语言"，并结合各种综合因素做出综合判断，在**盘口解读**上打下良好的基本功可以为自如掌握神奇 N 字结构盘口操作法提供很大的便利。

"分时走势图"分为大盘指数分时走势图和个股分时走势图。我们首先来介绍大盘指数分时走势图，白色曲线表示交易所对外公布的通常意义下的大盘指数，也就是加权数，如图 4-1 所示。黄色曲线是不考虑上市股票发行数量的多少，将所有股票对上证指数的影响等同对待的不含加权数的大盘指数。短线炒家参考白色曲线和黄色曲线的相对位置关系，可以得到以下信息：当指数上涨，黄色曲线在白色曲线走势之上时，表示发行数量少（盘小）的股票涨幅较大；而当黄色曲线在白色曲线走势之下，则表示发行数量多（盘大）的股票涨幅较大。当指数下跌时，如果黄色曲线仍然在白色曲线之上，这表示小盘股的跌幅小于大盘股的跌幅；如果白色曲线反居黄色曲线之上，**则说明小盘股的跌幅大于大盘股的跌幅。**

大小盘风格转换是我们要关注的一个重要方面，忽略这个方面就踏不准行情节奏。

另外，大盘指数分时走势图中还有各种颜色的柱线，如图 4-1 所示。红色、绿色的柱线反映当前大盘所有股票的买盘与卖盘的数量对比情况。红柱增长，表示买盘大于卖盘，指数将逐渐上涨；红柱缩短，表示卖盘大于买盘，指数将逐渐下跌。绿柱增长，指数下跌量增加；绿柱缩短，指数下跌量减小。

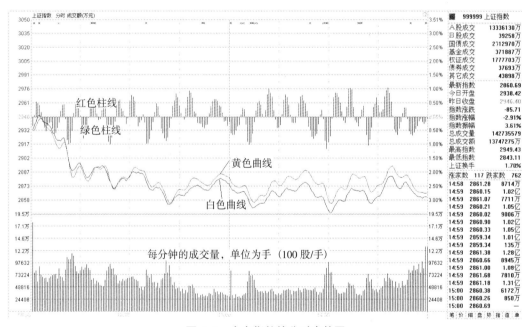

图 4-1　大盘指数的分时走势图

接着，我们来看个股分时走势图，如图 4-2 所示。白色曲线表示该只股票的分时成交价格。黄色曲线表示该只股票的平均价格。黄色柱线表示每分钟的成交量，单位为手（100股/手）。

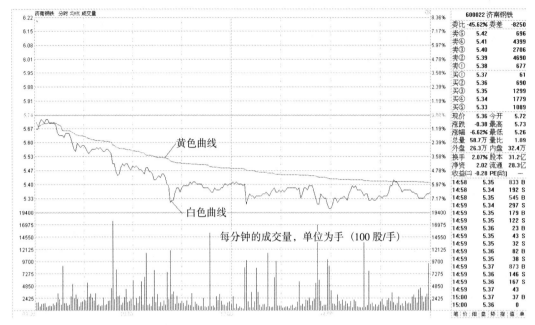

图 4-2　个股分时走势图

成交价是卖出价时成交的手数总和，称为外盘，成交价是买入价时成交的手数总和，称为内盘，如图 4-3 所示。当外盘累计数量比内盘累计数量大很多，而股价也在上涨时，表明很多交易者在抢盘买入股票。当内盘累计数量比外盘累计数量大很多，

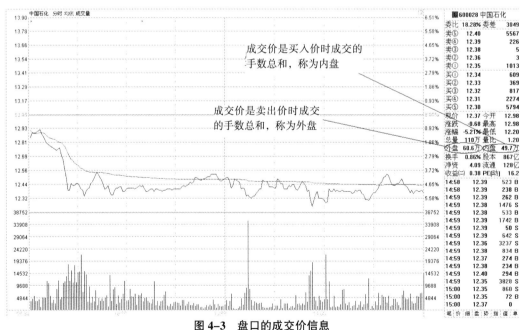

图 4-3　盘口的成交价信息

而股价下跌时，表示很多交易者在抛售股票。

委买手数是指买一、买二、买三、买四、买五所有委托买入手数相加的总和，委卖手数是指卖一、卖二、卖三、卖四、卖五所有委托卖出手数相加的总和，如图 4-4 所示。委比是委买委卖手数之差与之和的比值，如图 4-5 所示。委比旁边的数值为委

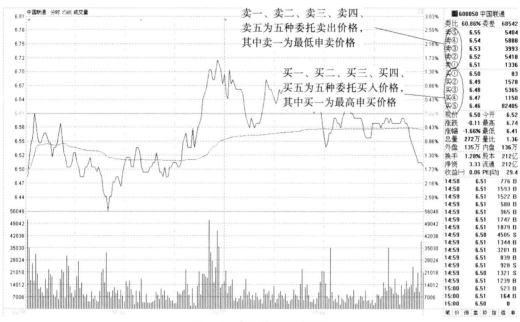

图 4-4　盘口的买卖档信息

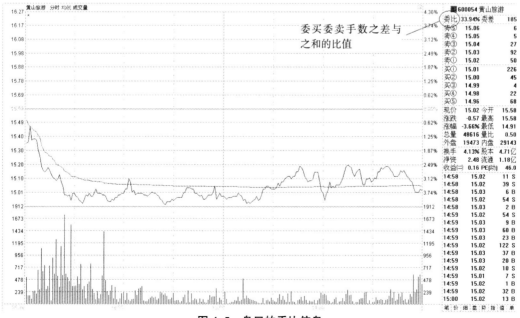

图 4-5　盘口的委比信息

委比与涨跌的正常关系我们没有必要在意，关键是异常关系。

买手数与委卖手数的差值。**当委比为正值时，表示买方的力量比卖方强，股价上涨的概率大；当委比为负值时，表示卖方的力量比买方强，股价下跌的概率大。**

量比是当日总成交手数与近期平均成交手数的比值，如图 4-6 所示。如果量比数值大于 1，表示这个时刻的成交总手量已经放大；如果量比数值小于 1，表示这个时刻的成交总手量萎缩。现手则是已经成交的最新一笔买卖的手数，在盘面的右下方为即时的每笔成交明细。

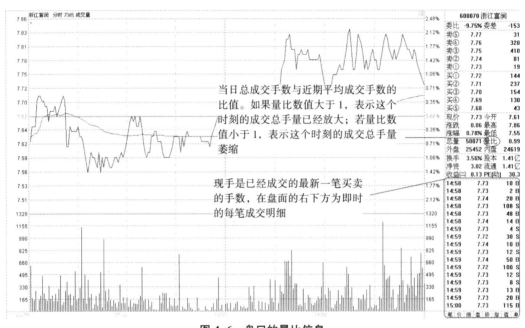

当日总成交手数与近期平均成交手数的比值。如果量比数值大于 1，表示这个时刻的成交总手量已经放大；若量比数值小于 1，表示这个时刻的成交总手量萎缩

现手是已经成交的最新一笔买卖的手数，在盘面的右下方为即时的每笔成交明细

图 4-6　盘口的量比信息

蜡烛图更多的是"象"范畴的，光是蜡烛图很难做到高效分析。多几个技术指标能解决问题吗？如果这些技术指标是基于价格计算出来的，那么太多反而适得其反。

下面，我们来介绍分时图走势和蜡烛线之间的关系。**蜡烛图具有直观的特点，透着深厚的东方哲学思想**，能够充分地显示股价趋势的强弱、博弈双方力量平衡的变化，是应用较多的技术分析手段。日线走势上的蜡烛线是按照股价（或者是大盘指数）一天的走势中形成的四个价位——开盘价、收盘价、最高价、最低价绘制而成的。

收盘价高于开盘价时，则开盘价在下收盘价在上，称为阳线，它的上影线的最高点为最高价，它的下影线的最低点

为最低价。收盘价低于开盘价时，则开盘价在上收盘价在下，称为阴线，它的上影线的最高点为最高价，它的下影线的最低点为最低价，如图 4-7 所示。

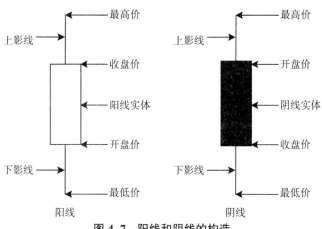

图 4-7　阳线和阴线的构造

根据蜡烛线的计算周期可将其分为年蜡烛线、月蜡烛线、周蜡烛线、日蜡烛线等。**周蜡烛线**是指以周一的开盘价，周五的收盘价，全周最高价和全周最低价来画的蜡烛线图。月蜡烛线则以一个月的第一个交易日的开盘价，最后一个交易日的收盘价和全月最高价与全月最低价来画的蜡烛线图，同理可以推得年蜡烛线定义。周蜡烛线、月蜡烛线常用于研判中期行情。对于短线操作者来说，众多分析软件提供的 5 分钟蜡烛线、15 分钟蜡烛线、30 分钟蜡烛线和 60 分钟蜡烛线也具有重要的参考价值。

周蜡烛线是大家容易忽视的一个时间框架，周蜡烛线显著放量却是主力的"马脚"。因为日蜡烛线上的信号比较杂乱，存在欺骗，存在噪声。

根据开盘价与收盘价的波动范围，可将蜡烛线分为**极阴**、**极阳**，**小阴**、**小阳**，**中阴**、**中阳**和**大阴**、**大阳**等线型，如图 4-8 所示。

涨停阳线和跌停阴线是非常有研判价值的，背后有什么题材，主力怎么想的。看到涨停和跌停之后要做如是想。

下面以带有成交量的分时走势图，分别说明数种典型的单个日蜡烛线的形成过程和不同含义。分时走势图记录了股价的全天走势，不同的走势形成了不同种类的蜡烛线，而同一种蜡烛线却因股价分时走势不同而具有迥异的含义。

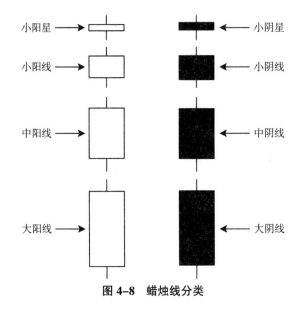

图 4-8　蜡烛线分类

小实体线的出现有三种情况：第一种情况属于趋势中的调整；第二种情况属于市场缺乏刺激因素，也就是说缺题材，主力毫无兴趣；第三种情况属于趋势乏力，这种情况下长影线更为常见，往往接着与趋势方向相反的大实体线。

小阳星，如图 4-9 和图 4-10 所示，全日中股价波动很小，开盘价与收盘价极其接近，收盘价略高于开盘价。**小阳星的出现，表明行情正处于混乱不明的阶段，后市的涨跌无法预测**，此时要根据其前期 K 线组合的形状以及当时所处的价位区域综合判断。

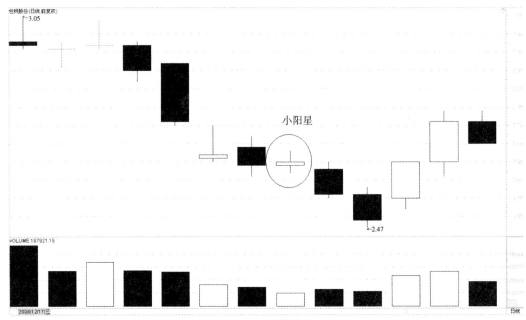

图 4-9　小阳星

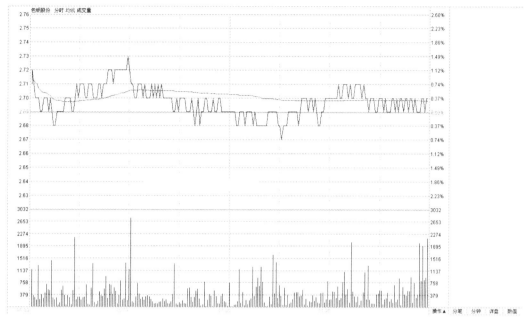

图 4-10　小阳星对应的分时图走势

小阴星的分时走势图与小阳星相似，只是收盘价格略低于开盘价格，表明行情疲软，发展方向不明，如图 4-11 和图 4-12 所示。

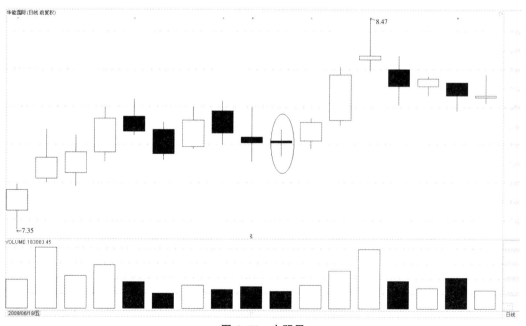

图 4-11　小阴星

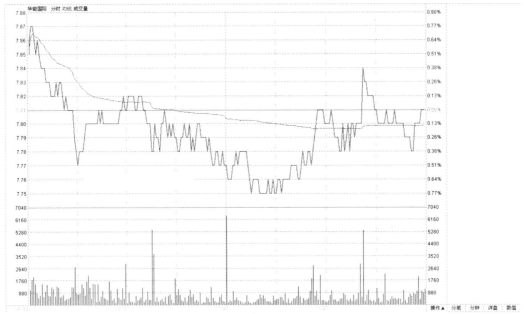

图 4-12　小阴星对应的分时走势图

小阳线的波动范围较小阳星增大，多头稍占上风，但上攻乏力，表明行情发展扑朔迷离，如图 4-13 和图 4-14 所示。

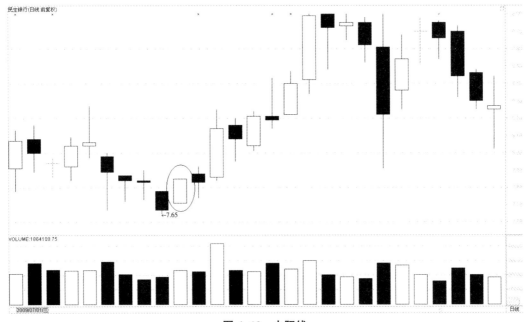

图 4-13　小阳线

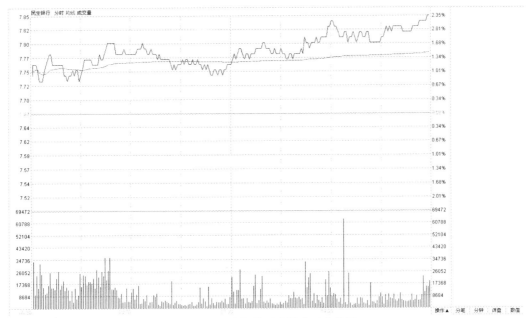

图 4-14　小阳线对应的分时走势图

小阴线表示空方呈打压态势，但力度不大，如图 4-15 所示。

强劲看多题材下的一根小阴线和缺乏题材下的一根小阴线，你觉得意义上有什么根本不同吗？

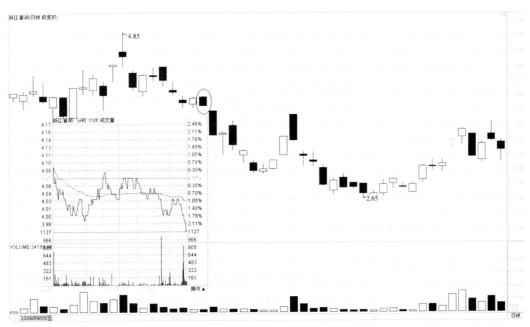

图 4-15　小阴线和对应的分时走势图

如果在高价位区域出现上吊阳线，股价走出如图 4-16 所示的形态，则有可能是主力在拉高出货，需要留心，如图 4-16 所示。

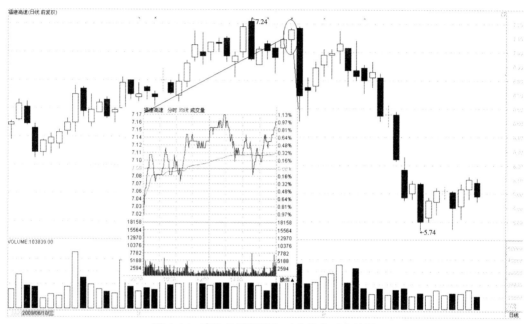

图 4-16　高位吊颈阳线和对应的分时走势图

公布利空之后，价格下探，这是一个吸收过程，然后价格重新回到公布时的价位，并且超过这个价位，形成了锤头阳线，这表明利空已经被市场完全消化，此后市场该怎么走呢？从这个例子可以看出，K 线要结合"背景"来解读。

流星有时候显示抛压沉重，但是一旦流星被后一日或者几日的中阳线或者大阳线覆盖，则表明这更可能是一根"仙人指路"线，后市还有很大的涨幅。

低位放量中阳线或者大阳线是一种很重要的异动信号，出现这种信号的时候要同时查看一下有没有什么利好消息。如果没有什么公开消息出现，大盘也没有大涨，那就可能是主力提前知道了利好现在潜伏进来。

如果在低价位区域出现锤头阳线，如图 4-17 所示，股价表现出探底过程中成交量萎缩，随着股价的逐步攀升，成交量呈均匀放大事态，并最终以阳线报收，预示后市股价看涨。

流星显示多方攻击时上方抛压沉重，如图 4-18 所示。这种图形常见于主力的试盘动作，说明此时浮动筹码较多，涨势不强。

光头阳线若出现在低价位区域，在分时走势图上表现为股价探底后逐浪走高且成交量同时放大，预示为一轮上升行情的开始。如果出现在上升行情途中，表明后市继续看好，如图 4-19 所示。

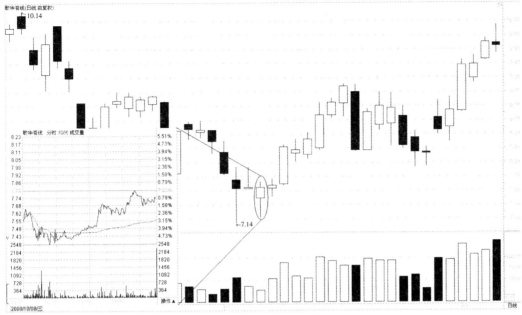

图 4-17　锤头阳线和对应的分时走势图

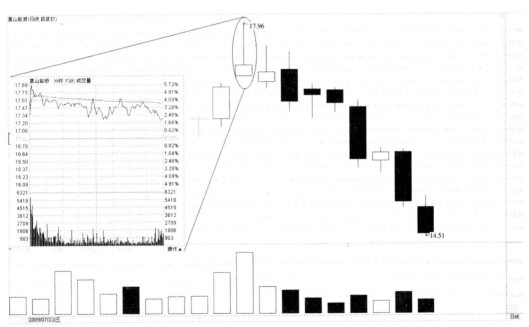

图 4-18　流星和对应的分时走势图

　　光脚阳线表示上升势头很强，但在高价位处多空双方有分歧，购买时应谨慎，如图 4-20 所示。

短线法宝——神奇 N 字结构盘口操作法

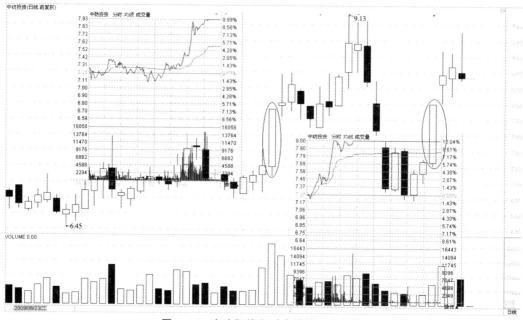

图 4-19　光头阳线和对应的分时走势图

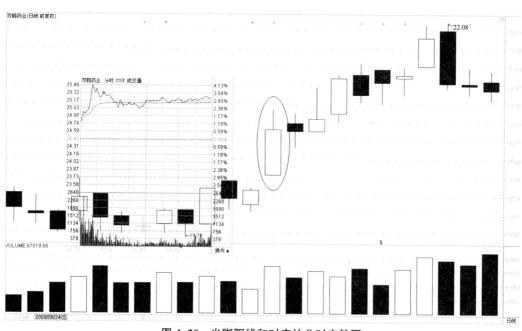

图 4-20　光脚阳线和对应的分时走势图

光头光脚阳线表明尾盘没有什么减仓，主力看好后市。

光头光脚阳线表明多方已经牢固控制盘面，逐浪上攻，步步逼空，涨势强烈，如图 4-21 所示。

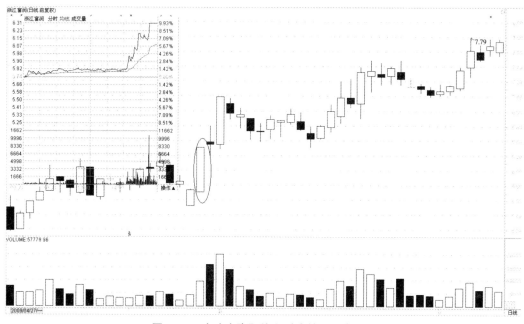

图 4-21　光头光脚阳线和对应的分时走势图

光脚阴线的出现表示股价虽有反弹，但上档抛压沉重。空方趁势打压使股价以阴线报收，如图 4-22 所示。

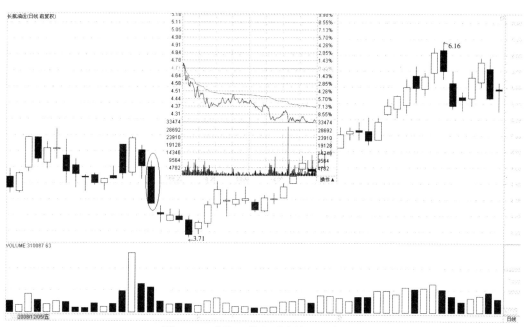

图 4-22　光脚阴线和对应的分时走势图

如果光头阴线出现于低价位区，说明抄低盘的介入使股价有反弹迹象，但力度不大，如图 4-23 所示。

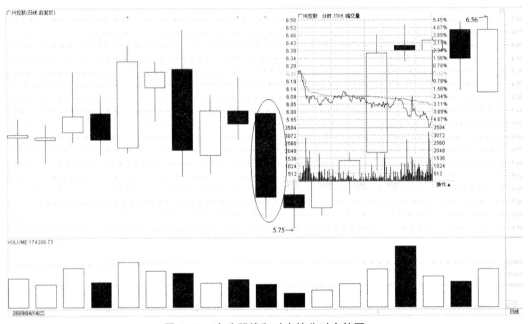

图 4-23　光头阴线和对应的分时走势图

尾盘将日 K 线做好看，或者尾盘将日 K 线做难看是某些主力的惯用手法。当然，尾盘拉升未必都是坏事，有可能是抢反弹或者是临近尾盘知道了某些利好。

看日线图上的蜡烛线的时候，最好看看对应的分时走势图，能看下成交明细则更好，毕竟不同的分时走势图可以得到同样的蜡烛线，所以从蜡烛线上来看走势存在一定的偏颇，主力有时候就是利用散户只看日蜡烛线的习惯来制造陷阱。

第二节　各种大单背后的黑影：推理式交易法

很多时候，我们需要查看所谓的"异常信号"，比如大单和空档，这些一般是主力动作的表现，找到"异常信号"是第一步，通过推理从这些"异常信号"中得到你想要的信息则是第二步。

前面已经提到：以委卖价成交的主动性买盘称为外盘，

以委买价成交的主动性卖盘称为内盘。外盘和内盘的比率关系往往透露了主力的一些意图，外盘大于内盘，股价看涨。反之，则看跌。但在具体判断上，则需要考虑**股价所处的价格位置的高与低**，目前的技术走势形态等，这需要靠盘口以外的功夫。当股价处于低位的上升初期或主升期，外盘大于内盘，则是大资金进场买入的表现！外盘明显大过内盘，显示有较大资金吸筹。

当股价处于高位的上升末期，外盘小于内盘，则是大资金出场卖出的表现！当股价处于低位的上升初期或横盘区，外盘远小于内盘，不管日线是否收阴，只要一两日内止跌向上，则往往是大资金假打压、真进场买入的表现，则是在诱空。外盘明显小过内盘，显示有较大资金借日阴线震仓吸筹。

当股价处于高位的上升末期或高位横盘区，外盘远大于内盘，但股价滞涨或尾市拉升，无论日线阴阳，往往是大资金假拉升、真出场卖出的表现！是在诱多。外盘明显大过内盘，显示有较大资金借日阳线减仓派筹。次日，收放量阴线宜减仓。

接着，我们来进入主题，谈谈大单相关的问题，股价大幅上升或下跌是由主力资金推动的，主力资金不可能一手两手地买卖股票，因此真正的热门股应该是盘中大买卖单成交活跃的个股。所谓"大单"，就是每笔成交中的大手笔单子。当委托买卖中出现大量买卖盘，且成交大单不断时，则往往预示着主力资金动向。假如一只股票长期极少出现连续大手成交买卖单，基本上可以认定为散户行情，易跌难涨。一般而言，委卖盘越大，说明市场抛售欲望强烈，股价看跌。委买盘越大，说明欲买进的投资人众多，股价看涨。

第一种情况，买一和卖一缺档。例如一只股卖一 9.82 元，只有 20 手挂单，买一 9.80 元有 5 手挂单。成交价 9.80 元、成交 250 手，而卖一处只减少了 15 手，显然此次成交是盘中对倒行为所致。例如某股卖一在 10.98 元挂 2000 手，买一 11 元挂 1000 手大单，然后不断上移，总是在卖一、买一中间相

天量是最需要关注的，谁在卖？谁在买？结合题材去分析会事半功倍。

差 1 分钱，一旦出现 10.99 元便吃掉然后不再向上高挂，以显示抛压沉重，诱使投资者抛出筹码，以达到迅速建仓的目的。

第二种情况，在分时盘口中不断有大挂单在卖三、卖二处挂，并且不断上撤，最后出现一笔大买单一口吃掉所有卖单，然后股价出现大幅拉升，此时主力一方面显实力，另一方面**引诱跟风者买单**，二者合力形成共振，减少拉升压力。

第三种情况，经常性机会大买单。多指 500 手以上而卖单较少的连续向上买单。卖一价格被吃掉后又出现抛单，而买一不见增加反而减少，价位甚至下降，很快出现小手买单将买一补上，但不见大单，反而在买三处有大单挂出，一旦买一被打掉，小单又迅速补上，买三处大单同时撤走，价位下移后，买二成为买一，而现在的买三处又出现大单（数量一般相同或相似）且委比是 100% 以上，如果此价位是高价位，则可以肯定主力正在出货。小单买进，大单卖出，同时以对敲维持买气。

第四种情况，小规模暗中吸筹。有时买盘较少，买一、买二、买三处只有 10~30 手，在卖单处也只有几十手，但大于买盘，却不时出现抛单，而买一却不是明显减少，有时买单反而增加，且价位不断上移，主力同时敲进买、卖单。此类股票如蛰伏于低位，可作中线关注，在大盘弱市尤为明显，一般此类主力运作周期较长，且较为有耐心。

第五种情况，低迷期的大单。首先，当某只股票长期低迷，某日股价启动，卖盘上挂出巨大抛单（每笔经常上百、上千手），买单则比较少，此时如果有资金进场，将挂在卖一、卖二、卖三档的压单吃掉，可视为是主力建仓动作。注意，此时的压单并不一定是有人在抛空，有可能是庄家自己的筹码，庄家在造量吸引注意。例如，前期大牛股中海发展在启动前就时常出现这种情况。

第六种情况，盘整时的大单。当某股在某日正常平稳的运行之中，股价突然被盘中出现的上千手大抛单砸至跌停板附近，随后又被快速拉起；或者股价被突然出现的上千手大

某些短线主力会在下跌后的缩量止跌处拉升，看有没有跟风盘，如果缺乏跟风盘则次日开盘就会卖出。开盘的大单成交数量往往与前日买入的大单数量差不多，这表明短线主力跑得差不多了。

买单拉升然后又快速归位。表明有主力在其中试盘，主力向下砸盘，是在试探基础的牢固程度，然后决定是否拉升。该股如果一段时期总收下影线，则向上拉升可能大，反之出逃可能性大。

第七种情况，下跌后的大单。某只个股经过连续下跌，在其买一、买二、买三档常见大手笔买单挂出，这是绝对的护盘动作，但这并不意味着该股后市止跌了。因为在市场中，股价护是护不住的，"最好的防守是进攻"，主力护盘，证明其实力欠缺，否则可以推升股价。此时，该股股价往往还有下降空间。但投资者可留意该股，因为该股套住了庄，一旦市场转强，这种股票往往一鸣惊人。

炒家进行短线交易时，常常进行盘口分析，而一般的交易系统软件可提供的及时图表是公布三档买卖盘的交易情况，即买一、买二、买三和卖一、卖二、卖三。这种买卖盘挂单交易往往是庄家"表决心"的窗口，但由于目前数据传输质量和分析软件的缺陷，使投资者难以看到真实的交易情况，加之主力利用此种缺陷频频做出盘中骗线，使投资者产生错误交易行为。

下面对挂单再做进一步的分析。如果单向连续出现整数（多为 100 手，视流通盘大小而定）抛单，而挂单持续的较小（多为单手）且并不因此成交量出现大幅的改变，此种盘面一般多为主力在隐蔽式对敲所致，尤其在大盘成交稀少时极为明显，此时应是处于吸货末期，进行最后打压吸货之时（当然应结合股票的整体趋势来判断）。如果单向连续出现整数（多为 100 手，视流通盘大小而定）买单，而挂盘并无明显变化，交易全为主力对倒所致，此时理解，一般多为主力拉升初期的试盘动作或派发初期激活追涨跟风盘的启动盘口。一般无征兆的大单多为主力对股价现有运行状态实施干预所致，如果是出现连续大单的个股，现行运作状态有可能被改变。如出现不连续的情况也不排除是资金量较大的个人大户或小机构所为，其研判实际意义不大。股价处于低位（复权后），买单盘口中出现层层较大买单（多为 100 手，视流通盘大小而定），而卖单盘口只有零星小单，但突然盘中不时出现大单炸掉下方买单，然后又快速扫光上方抛单，此时可理解为吸货震仓。股价处于高位（复权后），卖单盘口中出现层层较大卖单（多为 100 手，视流通盘大小而定），而买单盘口只有零星小单，但突然盘中不时出现小单持续吃掉上方大卖单，然后又快速炸掉下方出现较大买单，此时可理解为主力诱多减仓。在盘面中不断有大挂单在卖三、卖二处挂出，并且股价价位不断上撤，最后突然出现一笔大买单（至少 200 手以上）一口吃掉所有挂单，然后股价立刻被打爆，出现短线大幅拉升，此时主力用意有二：一是显示自己的资金实力，二是引诱跟风者持续跟入，减少自己实际资金过多介入控制持仓，利用同向合力形成技术共振，减少拉升压力。有时买盘较少，买一、买二、买三处只有 10~30 手，在卖单处也只有几十手，却不时出现抛单，而买一却不是明显减少，有时买单反而悄然增加，且价位不断上移，可以肯定主力同时敲进买、卖单对敲。此类股票如蛰伏于低位，可作中线关注，在大盘弱市尤为明显，一般此类主力运作周期较长，且较为有耐心。如 200 手以上连续向上买单而卖单较少。卖一价格被吃掉后又出现抛单，而买一不见增加反而减少，价位甚至下降，很快出现小手买单将买一补上，但不见大单，反而在买三处有大单挂出，一旦买一被打掉，小单又迅速补上，买三处大单同时撤走，价位下移后，买二成为买一，而现在的买三处又出现大单（数量一般相同或相似）且委比是 100% 以上，如果此价位是高价位，则可以肯定主力正在出货。小单买进，大单卖出，同时对敲维持买气。

第三节 权证高手的法宝：分时图 N 字和放量

权证交易一般是即日交易，所以我们先按照一日盘式顺序来解读每个阶段注意的事项，然后再对一些典型的情况进行分析。相对于前收盘而言，权证若高开，说明人气旺盛，抢筹码的心理较多，该权证有向好的一面。但如果**高开过多，使前日买入者获利丰厚**，则容易造成过重的获利回吐压力。如果高开不多或仅一个点左右，则表明人气平静，多空双方暂无恋战情绪。如果低开，则表明获利回吐心切或亏损割肉者迫不及待，故市势有转坏的可能。

> 除非隔夜有特大利好，否则高开后都会回补缺口。开盘是对隔夜的消息进行消化。

如果在底部突然高开，且幅度较大，常是多空双方力量发生根本性逆转的时候，因此，回档时反而构成进货建仓良机。反之，若在大势已上涨较多时发生大幅跳空，常是多方力量最后喷发的象征，表明该权证上涨已走到了尽头，反而构成出货机会。同样，在底部的大幅低开常是空头歇斯底里

108

的一击，反而构成见底机会，而在顶部的低开则证明人气涣散，皆欲争先逃出，也是该权证看弱的表现。其后虽有反弹，但基本上一路下泻。开盘后 30 分钟多头为了顺利吃到货，开盘后常会迫不及待地抢进，而空头为了完成高位出货，也会故意拉高，于是造成开盘后的急速冲高，这是强势市场中常见的。而在弱势市场中，多头为了吃到便宜货，会在开盘时即向下砸，而空头会顺势打，也会不顾一切地抛空，造成开盘后的急速下跌。因此开盘后第一个 10 分钟的市场表现有助于正确地判断市场性质。

第二个 10 分钟则是多空双方进入休整阶段的时间，一般会对原有趋势进行修正，如空方逼得太猛，多头会组织反击，抄底盘会大举介入；如多方攻得太猛，空头也会予以反击，获利盘会积极回吐。因此，这段时间是买入或卖出的一个转折点。

第三个 10 分钟里因参与交易的人越来越多，买卖盘变得较实在，虚假的成分较少，因此可信度较大，这段时间的走势基本上为全天走向奠定了基础。为了正确把握走势特点，可以开盘为起点，以第 10、第 20、第 30 分钟股价为移动点连成三条线段，这里面包含有一天的未来走势信息。如果是先上后下再上（即先涨后跌又涨），则当天该权证趋好的可能性较大，日 K 线可能收阳线。因为它表明多头势力较强。若前 30 分钟直线上涨，则表明多头势强，后市向好的可能性很大，收阳线概率大于 90%，回档是建仓良机。具体来说，若第二个下跌幅度很小，不低于开盘值，则行情应向上。若第三个上涨创下新高，行情向上的概率就更大了，当天一般会大涨小回收阳线。若第二个下跌低于起涨点（开盘），则表明空头压力过大，当天的调整压力较大，一旦冲高无力，会出现急挫，只有在底部得到支撑，才会有较强反弹，但当天一般不太可能收在最高点。若第二个下跌低于开盘，而第三个上涨又高于前高点，则表明多空分歧比较大，当天震荡会较大，但最终仍可能以阳线报收。若第二个下跌虽没低于开盘，但第三个上涨却没创新高，特别是随后出现了较为有力的下跌，则说明在多空双方正面交锋时多头相对较弱，当天的回档会持续较长时间，收盘不可能为最高点，有时甚至会演化为"先上后下又下"走势，进而走淡并收出阴线。如果是先下后上又下，则当天行情走淡的可能性较大，特别如果是先下后下又下，则表明空头力量十分强大，当天的反弹均构成出货机会，后市下跌的可能性较大。若开盘较高，收阴线的概率超过90%。具体来说，若第三个下跌创下新低，则为典型的空头特征，当天的反弹一般较弱。在中长期头部形成时，常出现类似形式。若第二个上涨创下新高，第三个下跌不创新低，则表明多头势力仍较盛，当天有冲高机会，尾盘可能不收在最低。若第二个上涨虽没创新高，但第三个下跌无力创新低，且随后出现上涨，则表明空头压力虽大，多头仍不容小觑，当天会先冲高后回落，但不会收在最低。若第二个上涨创新高，第三个下跌又创新低，则表明当天会有较大震荡，但尾盘可能收在较低位置。如果是先上又上再下，则表明多头势力较强，但空头压力也大，如果当天在底部得到支撑，向上的机会仍较大。但若第三个下跌低于开盘，则表明空头力量过于强大，当天探底会比较深，这种探底一般是由于获利回吐所致。若第三个下跌较弱，甚至不低于第一个上涨，则当天多头势力较强，一般是大涨小回收阳线。如果先下又下再上，则表明空头势力较强，但多头尚有反击余力，当天若高位压力略强，走淡机会较大，尤其是第三个上涨若软弱无力，特征会更明显。若第三个上涨超过了开盘，则一般属于拉高出货的行情，当天在高位盘整后，可能出现急跌。如果是先上又下再下，则表明开盘后的向上是空头陷阱，当天走淡的可能性较大。如果是先下又上再上，则表明开盘后的向下是多头获利回吐的表现，当天行情仍可能走好。

中午收市前的走势也是多空双方必争的。因为中午停市这段时间，交易者有了充裕的时间检讨前市走向，研判后市发展，并较冷静或较冲动地做出自己的交易决策，因此主力大户常利用前市前的机会做出有利于自己的走势来，引诱广大中小散户上当。

一般来说，收市前与开市后的走势应综合起来看，而不能孤立对待。如果大市上午在高位整理，收市前创下全天最高，一方面表明买方力量较强，大势可能继续向好，另一方面则表明主力可能想造成向好的假象，以借机出货。怎样判断呢？若是前者，则下午开盘后应有冲动性买盘进场，即大势应快速冲高，则回落后仍有向好机会，可以借机买入，如果是后者，则下午开盘后股价可能根本不动，甚至缓缓回头，即为主力故意拉高以掩护出货的开始。

如果大势连绵下跌无反弹，而反弹又迫在眉睫，则主力常做出大势跌势未尽的假象，在上午收市前刻意打压，使之以最低报收。下午开盘后，中午经过思考下定决心斩仓的人会迫不及待地卖出，故股价仍有急泻，结果这往往是最后一跌，或者因此时卖压相对较少，主力唯恐拉高时吃不到更多的筹码，所以还会造成第二次下跌，但此时成交量常开始萎缩，于是，此次下跌便是最佳的建仓良机。

如果大势频频处于上升或下跌途中，则收市前的走势一般具有指导意义。即若大市处于升势时中午收于高点，表明人气旺盛，市道向好；反之若大市处于跌势时中午收于低点，表明人气低，市道向淡。若升势时中午收于低点，或跌势时中午收于高点，多半是假象，改变不了其本来走势。

尾盘在时间上一般认为是最后 15 分钟，实际上从最后 45 分钟多空双方即已开始暗暗较量了。若从最后 45 分钟到 35 分钟这段时间上涨，则最后的走势一般会以上涨而告终。因为此时参与交易的人数最多，当涨势明确时，会有层出不穷的买盘涌进推高股价。反之，若最后 45 分钟到 35 分钟这段时间下跌，则尾市一般难以走好。

特别是到了最后 30 分钟大盘的走向极具参考意义，此时若在下跌过程中出现反弹后又掉头向下，尾盘将可能连跌 30 分钟，杀伤力极大。

这一尾盘效应也可以用于对中午收市前走势的研判。即离中午收市前还有 15~20 分钟时的走势也具有指导作用，可以参照尾盘效应来分析。在具体操作上，当发现当日尾盘将走淡时，应积极沽空，以获得次日低开的利好；当发现尾盘向好时，则可适量持仓以迎接次日高开。

下面总结一些做盘现象：

一是做收盘。**收盘前瞬间拉高，**在全日收盘前半分钟（14：59）突然出现一笔大买单加几毛甚至 1 元，几元把股价拉至很高位。由于庄家资金实力有限，为节约资金而能使股价收盘收在较高位或突破具有强阻力的关键价位，尾市"突然袭击"，瞬间拉高。假设某股 10 元，庄家欲使其收在 10.8 元，若上午就拉升至 10.8 元，为把价位维持在 10.8 元高位至收盘，就要在 10.8 元接下大量卖盘，需要的资金必然很大，而尾市偷袭由于大多数人未反应过来，反应过来也收市了，无法卖出，庄家因此达到目的。收盘前瞬间下砸，在全日收盘前半分钟（14：59）突然出现一笔大卖单减低很大价位抛出，把股价砸至很低位。使日 K 形成光脚大阴线，或十字星，或阴线等较"难看"的图形使持股者恐惧而达到震仓的目的。使第二日能够高开并大涨而跻身升幅榜，吸引投资者的注意。或者是操盘手把股票低价位卖给自己人。

二是做开盘。瞬间大幅高开，开盘时以涨停或很大升幅高开，瞬间又回落，突破了关键价位，庄家不想由于红盘而

尾盘是对隔夜和次日的预期。

尾盘放量逐步上涨则有可能是接近收盘前主力获悉了某种利好，又或者是早盘跌势差不多了，抢反弹的资金进来了。前者主要结合消息来分析，后者主要结合大盘来分析。

引起他人跟风，故做成阴线，也有震仓的效果。瞬间大幅高开或者为了吸筹，又或者是试盘动作，试上方抛盘是否沉重。瞬间大幅低开开盘时以跌停或很大跌幅低开，为了出货，或者是为了收出大阳使图形好看，又或者是操盘手把筹码低价卖给自己人。

三是盘中瞬间大幅拉高或打压。主要为做出长上影线、下影线。瞬间大幅拉高，盘中以涨停或很大升幅一笔拉高，瞬间又回落，一般是试盘动作，试上方抛盘是否沉重。或者采用瞬间大幅打压，盘中以跌停或很大跌幅一笔打低，瞬间又回升，试下方接盘的支撑力及市场关注度。B 操盘手把筹码低价卖给自己或关联人，又或者是做出长下影线，使图形好看，吸引交易者。还有一种情况是庄家资金不足，抛出部分后用返回资金拉升。

权证盘式的阶段性特点以及一些做盘套路已经介绍给大家了，下面我们来看权证分时走势中贯穿各个阶段的 N 字结构，如图 4-24 所示。N 字结构是一个根本的市场结构，按照 N 字结构寻找见位进场和破位进场的机会，并由此展开出场条件，本书的后面部分会详细地谈到。

分时走势和一分钟 K 线图中，N 字第三波往往是放量突破，这点是普遍规律。

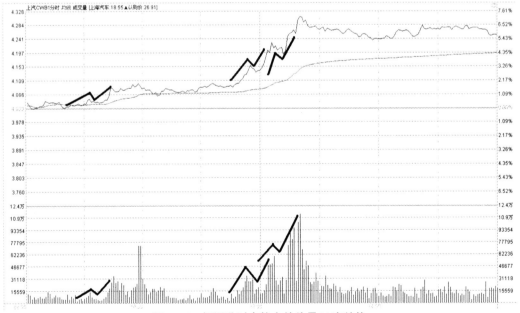

图 4-24　权证分时走势中的价量 N 字结构

买卖盘存在一些定式，此前没有人归纳过，我们现在在这里做一些归纳，可以帮助你迅速识别出博弈双方的力量对比和真实意图。我们先来看第一个买卖盘分析模型，这是交战对称三角，买卖档的分布呈现向中间价位靠拢的趋势，也就是说卖价越低，挂单越多，买价越高，挂单越多，这表明了交易双方的力量都很充足，走势处于胶着状态，如图 4-25 所示。

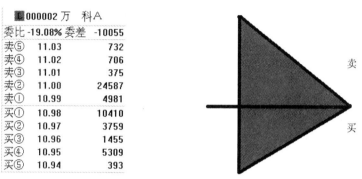

🄻000002 万　科A	
委比 -19.08%	委差　-10055
卖⑤　11.03	732
卖④　11.02	706
卖③　11.01	375
卖②　11.00	24587
卖①　10.99	4981
买①　10.98	10410
买②　10.97	3759
买③　10.96	1455
买④　10.95	5309
买⑤　10.94	393

图 4-25　买卖盘分析模型（1）——交战对称三角

如果卖盘挂档越往上越多，而买盘挂单也是越往上越多，则是上升双三角，如图 4-26 所示，这种情况下，卖压很轻，而买方力量强劲，所以上升趋势可以持续。

🄻000012 南　玻A	
委比　7.73%	委差　348
卖⑤　14.71	336
卖④　14.70	1260
卖③　14.69	213
卖②　14.68	184
卖①　14.67	83
买①　14.66	404
买②　14.65	1484
买③　14.64	108
买④　14.63	167
买⑤　14.62	261

图 4-26　买卖盘分析模型（2）——上升双三角

如果卖盘越往上越多，而买盘越往下越多，则可能表明主力在控盘，高抛低吸，在一个区间内吸筹，也表明买卖双方意见分歧较大，卖方不愿意低价卖，买方不愿意高价买，如图 4-27 所示。

📕 000018 *ST中冠A		
委比 -5.99% 委差		-41
卖⑤	7.79	214
卖④	7.78	76
卖③	7.72	10
卖②	7.71	10
卖①	7.70	53
买①	7.68	24
买②	7.67	30
买③	7.66	50
买④	7.65	215
买⑤	7.64	3

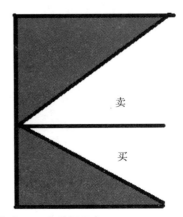

图4-27　买卖盘分析模型（3）——分歧双三角

　　如果卖盘越往下越多，而买盘也是越往下越多，则表明卖压沉重，而买方也不愿意高位接货，只是在低位假意承接，一般主力出货的时候往往会出现这种模式，如图4-28所示。

000065 北方国际		
委比 12.02% 委差		82
卖⑤	19.40	14
卖④	19.39	10
卖③	19.36	8
卖②	19.35	69
卖①	19.34	199
买①	19.33	28
买②	19.32	9
买③	19.31	148
买④	19.30	107
买⑤	19.27	90

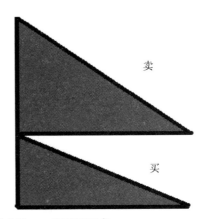

图4-28　买卖盘分析模型（4）——下降双三角

　　分时买卖和挂单属于微观，N字结构属于中观，题材属于宏观。你应该明白轻重了吧？如果只看分时盘口，你容易钻牛角尖。很多分时盘口类书籍就将不少人引入歧途，似乎盘口可以看出主力的一切动向。

买卖盘和分时走势图的精细化运用可以在掌握神奇N字结构盘口操作法之后进行，毕竟积累一段时间的N字结构盘口操作法经验之后，再回过头来深入钻研这些更好。

第四节　升华与思考——【筹码断层和利润断层】

短线投机高手会在分时上"数筹码"，同时在日线上寻找"筹码断层"。

什么是筹码断层呢？简单来讲就是跳空缺口。

筹码断层意味着持币者和持筹者的"一致"预期，意味着此后市场再度来到这一区域时受到的阻力或者支撑非常小。

在日内有筹码断层，在日线上也有筹码断层。在分时走势图中，特别是涨停拉升的阶段，有些非常强势的股票会出现 1 分钟走势图上的缺口，比如宣亚国际（见图4-29）。

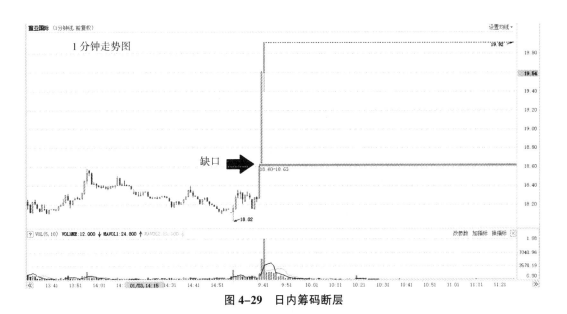

图 4-29　日内筹码断层

相比日内盘口中的筹码断层，我们更加关心日线走势中的筹码断层，特别是以下三种筹码断层：

第一种是"下跌筹码连续断层"，狭义地讲是连续一字跌停形成的筹码断层。比如千山药机的例子（见图4-30）。近乎无量的一字跌停，意味着中途几乎没有换手，也就是说持币者和持筹者并未在这里出现大规模的交换。也就意味着此后股价上涨到这个区域，抛压会很轻，只存在源于底部的短期获利盘，因为套牢筹码在断层上方。这类筹码断层是"超跌黑马股"的特征之一。

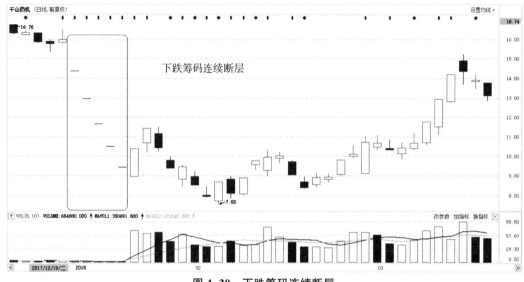

图 4-30　下跌筹码连续断层

第二种是"利润断层"，也就是业绩超预期导致的向上筹码断层。这类筹码断层是"白马股"经常出现的特征之一。比如 2019 年吉比特半年报公布，净利润和营收同比大增，公告导致了向上跳空缺口，这就是一个"利润断层"（见图 4-31）。

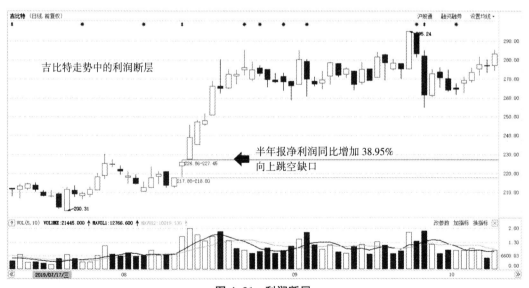

图 4-31　利润断层

第三种是"次新股筹码断层"，在次新股首度开板之前往往都是一字涨停板。比如每日互动的例子（见图 4-32）。与"利润断层"一样，这也是一种常见的上涨筹码断层。

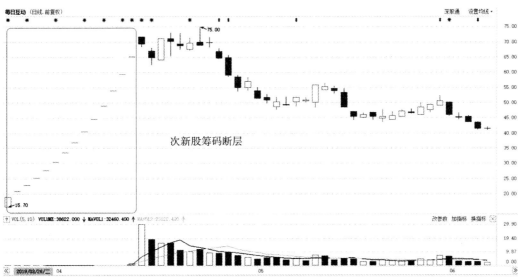

图 4-32　次新股筹码断层

我们现在来看"下跌筹码连续断层"。先看两个例子——中通国际（见图 4-33）和全新好（见图 4-34）。

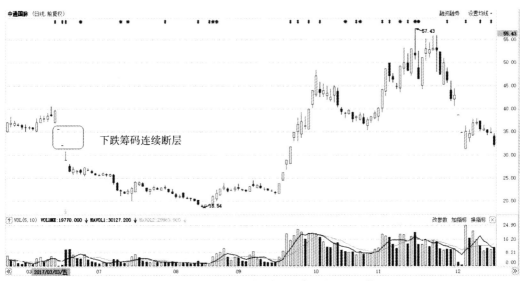

图 4-33　中通国际的"下跌筹码连续断层"

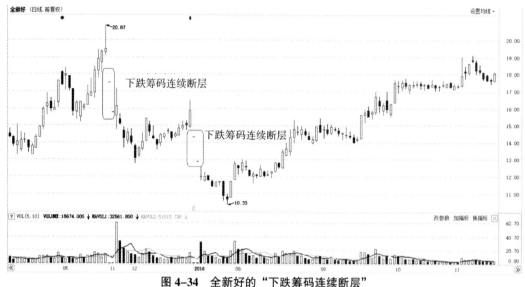

图 4-34 全新好的"下跌筹码连续断层"

"下跌筹码连续断层"往往是因为突发利空，导致股价连续一字跌停。比如德新交运终止筹划重大资产重组复牌后出现了下跌筹码断层（见图 4-35）。这样的股票每年都会出来很多，股价上形成了巨大的向下跳空缺口，这就是连续的筹码断层。

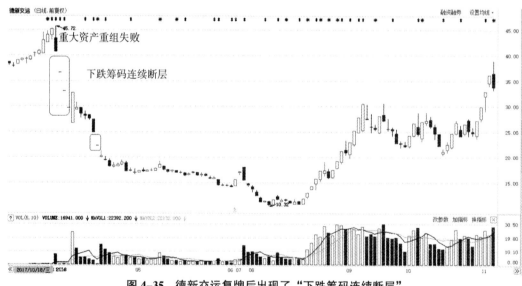

图 4-35 德新交运复牌后出现了"下跌筹码连续断层"

连续的下跌筹码断层形成过程中，由于缺乏成交量，因此这个位置也没有什么重置筹码，后市上涨过程中这个地方的抛压就比较轻，股价在这个区域遭遇的阻力较少。下跌形成了连续的筹码断层，使得实际流通盘大幅减少了，对于大资金而言，控盘变

得更加容易了。持筹者变得更加简单了，获利筹码极少，低风险的持筹者也减少了。简而言之，盘子变得更轻了，筹码变得更加干净了，这就为超跌黑马股的形成创造了良好的筹码结构。

以前总是认为出现下跌筹码连续断层的个股经常会有"庄家自救"，其实大多数情况下里面并没有所谓的庄家，而往往是游资做超跌抄底而已。

连续的下跌筹码断层形成后，如果在低位盘整时间较长，那么在断层之上进场的部分持筹者也可能割肉卖出，剩下的套牢者则很少会在断层区域卖出。

形成下跌筹码断层之后，股价在低位长时间震荡，最后能够充分换手，比如区域换手率达到 200%，这就意味着有大资金进来了。脱离震荡区域时是放量上涨的，这就是超跌股的买点。在放量上涨之前很可能出现"地量"，请看洪汇新材的实例（见图4-36）。

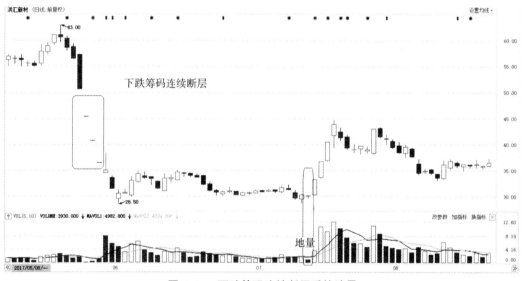

图 4-36　下跌筹码连续断层后的地量

跟风盘的多寡取决于大盘和个股的题材性质，以及技术走势。**当个股兑现"最后一次利空"时，下跌筹码连续断层个股就容易走出大幅上涨的走势**。题材逻辑对筹码结构的加持，可以吸引许多的跟风盘。

前期下跌的时候出现了连续筹码断层，意味着后期上涨的时候更加容易，这就是一种对称性。同理，前期上涨的时候出现了连续筹码断层，比如连续无量一字涨停，那么后期下跌的时候就非常迅速了。

许多一字涨停板为什么开板当天就见顶了，而持续或者阶段性放量反而容易出大

牛股呢？原因也是一样的。

连续一字涨停板缺乏根基，里面的持筹者不给外面的持币者任何机会，这是典型的"吃独食"行为。严重缺乏换手和借力的连续一字涨停股，每上涨一点就会加倍积累获利盘。获利幅度较大的筹码越多，则抛压越重，这就是所谓的筹码分散，筹码纯洁度低。

抄底超跌股，除了关注筹码结构纯洁度之外，还需要考虑市场情绪和题材性质。有一句股市谚语可以放在这里来加深理解——**"熊市抄底断层超跌股，牛市追涨新高白马股"**。

接着，我们讲第二种筹码断层结构——**"利润断层"**。这种断层可以算得上是"价值投机"，与通常的"纯题材投机"存在一些区别。

什么是"利润断层"？"利润断层"本质上是季报或者年报公布的**业绩超预期**导致集合竞价高开抢筹的行为，股价向上跳空，这类个股容易出白马股。

"超预期"是本书反复强调的一个词，无论是技术弱转强，还是业绩加速都体现了一种"超预期"，无论是游资主导的黑马股还是机构主导的白马股，都需要从"超预期"这个角度去观察和筛选。

通常而言，在不太差的市况里面，无论是机构还是游资，如果发现了股价超预期或者业绩超预期的个股都会异常关注，抢筹行为会显著而持久，甚至形成一字板。例如，沪电股份 2019 年 6 月 27 日发布中报预告，净利润比上年同期增长 123.86%~154.39%，形成了连续的"利润断层"（见图 4-37）。

图 4-37　沪电股份的"利润断层"

季报或年报公布是发现"利润断层"白马股的时间窗口。具体来讲，应该是一季度报、中报、三季度报和年报四次财报披露节点，加上四次财报披露前预告的时间窗口。

高胜率和高回报率"利润断层"的特征有哪些？

第一，整个股市的估值处于较低水平。比如此前一年整个股市处于持续下跌中，大多数股票都处于估值较低的状态，许多企业财务上提前减轻负担，当年轻装上阵。比如 2018 年股市持续下跌，整体估值较低，2019 年的"利润断层"胜算率就比较高。

第二，个股所处的行业景气度较高，比如 2019 年的 5G 板块，这样就能带来板块效应。

第三，牛转熊后，"利润断层"的胜率和回报率都会下降。

第四，次新股的"利润断层"具有更高的胜率和回报率，比如 2017 年的金牌橱柜。该上市公司刚上市不久，于 2017 年 10 月 10 日发布 2017 年第三季度业绩预告：归属于上市公司股东的净利润为 8435 万~9238 万元，比上年同期增长 110%~130%。公告当日，股价形成"利润断层"，形成一波大牛走势（见图 4-38）。

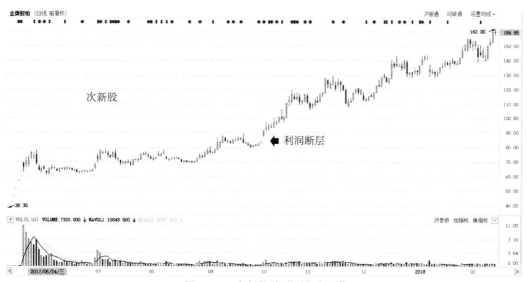

图 4-38　次新股的"利润断层"

第五，有大题材的行业个股。

第六，"断层日"显著放量，这表明大资金认可。

因此，**指数在均线上方时，基于"利润断层"选白马股是好策略；指数在均线下方且企稳时，基于"下跌连续筹码断层"选超跌股是好策略。**

"利润断层"的买点有哪些？

第一，缺口当日尾盘或者次日开盘买。比如凯普生物 2019 年中报净利润同比增加 29.34%，公告当日形成"利润断层"，可以在当日尾盘或者次日开盘买入（见图 4-39）。

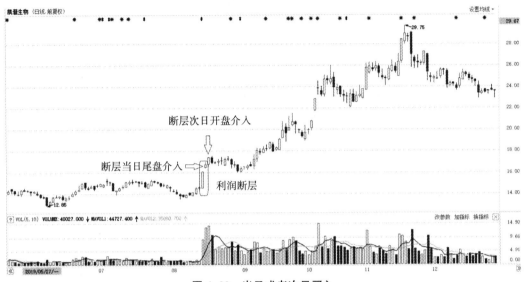

图 4-39　当日或者次日买入

第二，等价格回调到短期均线附近买。短期均线指的是 10 日均线、20 日均线和 60 日均线。

实际操作中，第二个买点容易错过机会，因此可以采取混合进场点，半仓按照第一个买点进场，剩下半仓等待第二个买点。

"利润断层"出现后，白马股往往会在短期内上涨 50% 左右，此后会出现回调，因此我们可以基于第一个买点介入第一波 50% 涨幅，上涨 50% 后跟进止损。如果回落，则等股价回调到 60 日后根据第二个买点介入第二波。

次新股筹码断层我们这里就不展开了。首次开板后的换手性质非常重要，是游资或者机构接力还是出货给散户具有完全不同的结果。对标的估值水平和赚钱效应对次新股开板后的空间也有直接影响，因此这是一个需要更多分析工具解决的问题。

筹码断层的本质是"一致"，体现了成本的"断层"；而 N 字结构和高换手体现了"分歧"，是成本的"重置"。

从"下跌筹码断层"中筛选超跌股；从"利润断层"中筛选白马股。

短线高手只重量价——神奇 N 字结构盘口操作法

神奇 N 字结构盘口操作法的分析建立在价量盘三者的基础上，也就是说 K 线走势，日线成交量变化，以及分时图走势和买卖档的态势是我们在利用 N 字结构进行操作时必须分析的三个维度。**行情分析是短线买卖的基础，但是光有分析还远远不够，还需要在此基础上制定进场和出场的具体路线图**，甚至对于加仓和减仓也应该有所谋划。行情的瞬息万变还要求我们能够针对两种以上的情况制定路线图，这就是股票短线炒卖的"情境规划"原理。本课主要介绍基于 N 字结构盘口分析的具体操作，也就是进场和出场问题，很多股票短线炒卖者很注重行情分析，对于进场点的抉择比较模糊，而其他一些股票短线炒卖者则除了注意进场点之外，对出场点的确定不闻不问，甚至认为只要找到了要涨的股票，何时出场如何出场都不是重要的问题。这种认识对于价值投资者而言可能不算离谱，对于股票短线炒卖者而言这种认识绝对是有问题的。重视出场甚于进场，重视进场甚于行情分析，下面我们就分几个小节来全面介绍 N 字结构盘口操作法的进场和出场吧。

行情分析基于题材、主力、技术三个方面，N 字结构属于技术这个方面，这部分与主力有关。但是，光有行情分析肯定是不行的，还需要仓位管理。仓位管理最简单的就是什么时候买，买多少，什么时候卖，怎么个卖法。

第一节　N 字结构盘口操作法的进场

N 字结构盘口操作法对于个股的入场非常重视，这是短线炒卖的特点和本质决定了的，毕竟短线操作的利润空间相对要少些，操作频率要多些，自然对成功率的要求比趋势跟随交易者更高，而进场对于胜算率高低有着直接的意义和影响。

神奇 N 字结构盘口操作法在进场上主要有两种策略：**调整末期进场和突破初期进场**。对于上升走势中第一个 N 字结构，一般采用突破初期进场，也就是说应该等待第一个 N 字的第二波上涨创出新高后介入最好；对于上升走势的第二个和此后的 N 字结构，一般采用调整末期进场，也就是当调整结束时就可以考虑介入了。在实际操作中，我们以见位进场为主，也就是调整末期进场为主，即使是第一个 N 字结构也是如此，不过最好结合大盘来介入第一个 N 字结构。

调整末期进场（又被称为见位进场）和突破初期进场（又被称为破位进场）的形象指南可以参看图 5-1，A 处位置就是调整末期进场，这时候主要通过查看看涨反转 K 线，成

调整末期进场与"斐波那契四度操作法"关系密切。

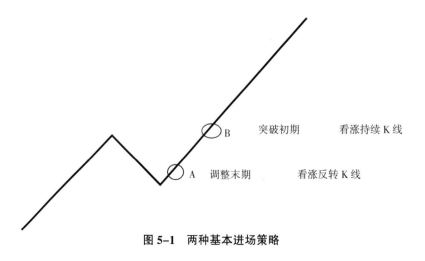

B　突破初期　　看涨持续 K 线

A　调整末期　　看涨反转 K 线

图 5-1　两种基本进场策略

交量缩量，甚至震荡指标超卖（金叉），以及特定的斐波那契回调支撑位置来确认进场点。B 处位置就是突破初期进场，这时候主要通过查看看涨持续 K 线，成交量放量来确认进场点。

　　下面我们引用具体的例子来介绍两种基本的进场策略吧，请看图 5-2。这是宜华地产的日线走势图，神奇 N 字结构盘口操作法主要是查看股价 K 线和成交量两者的态势，股价显著上升后，出现显著下跌，成交量放大后缩小，然后股价在调整段出现了早晨之星，**同时成交量也随之扩大**，这就是一个很好的调整末期进场点，见位进场点要求设定的止损较紧，持仓也相对轻。确认调整末期一定要实体足够的阳线才行，不见阳线不进场。

地量之后可能还有地量，放量可以确认前一日的为"窒息量"。

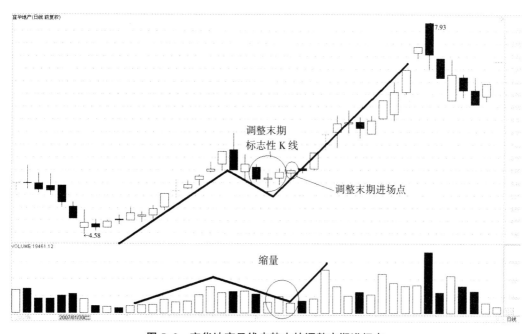

图 5-2　宜华地产日线走势中的调整末期进场点

　　同样是宜华地产的例子，我们来看突破初期进场的要件。请看图 5-3，如果在宜华地产这个例子中不采用见位进场，也就是不采用调整末期进场，而是采用破位进场。当股价突破前期高点，并且是以持续 K 线，一般是实体足够的阳线突破

前高，同时对应成交量由地量开始已经放量一段时间，也可以说股价创出新高度的同时成交量也放大了，是放量向上突破。突破进场点在突破初期标志性 K 线形成之后的一根 K 线开盘时介入。

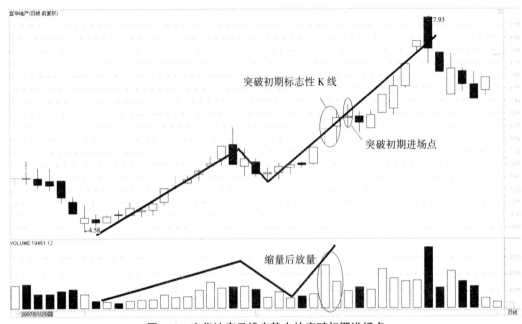

图 5-3　宜华地产日线走势中的突破初期进场点

日内分时或者 1 分钟图上放大量阳线突破与大资金进场或者加仓关系密切。

分时图上的神奇 N 字结构也是如此操作，调整末期进场（见位进场）和突破初期进场（破位进场）在分时图上的操作也是类似的，请看图 5-4，这是国际实业的分时走势图，A 点是调整末期进场点，B 点是突破初期进场点。神奇 N 字结构盘口操作法主要把握价量的 N 字结构和进出场要点。

见前高卖和龙头股封不住涨停卖，是我们身边一位股票短线高手的习惯操作方法。

进场对于我们的操作仅仅是开始，最终的盈亏和整体绩效锁定于出场点，无论是何种短线交易，**出场都是最重要的**。对于超级短线而言，进场也比较重要，但是对于趋势跟随交易者和波动交易者而言，出场则更为重要，接下来的一小节，我们会着重介绍 N 字结构盘口操作法的出场。

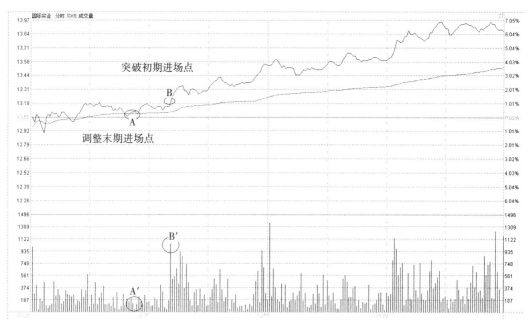

图 5-4　国际实业分时走势中的两种进场策略

第二节　N 字结构盘口操作法的出场

　　N 字结构盘口操作法的出场主要采用 2LOW 出场策略，所谓 2LOW 就是两天的最低点作为出场临界点，当股价跌破这个临界点一定幅度时就出场，这是一个跟进止损策略，它简单但是非常高效，可以极大地提高我们的出场绩效。2LOW 的定义如图 5-5 所示，**交易日之前两日的最低价位就是 2LOW 点**，这个点就是出场的参考点，当价格跌破此参考点达到 0.1 元幅度的时候，也就是出场的时候。

　　利用神奇 N 字结构盘口操作法时一般采用的出场策略是以 2LOW 止损点为基础展开的，如图 5-6 所示。进场当天收盘之后，找到该交易日和前一交易日的最低价位作为 2LOW 止损点，也就是图 5-6 中的水平线 1。进场之后的第二日开盘止损不变，进场之后的第三日开盘，则将止损移动到前两天

　　2LOW 出场法是一个跟进止损法，遇到超级强势股/龙头股，效果更好。

　　什么样的工具都有匹配的行情格局。N 字操作法适合的行情格局可以是题材主导的，也可以是业绩主导的。2LOW 出场法与什么样的行情格局匹配呢？

最低价位，也就是水平线 2 处，以此类推。水平线 1 是在进场当日收盘时设定的，此后的 2LOW 水平线则是在开盘时设定的，这就是区别。

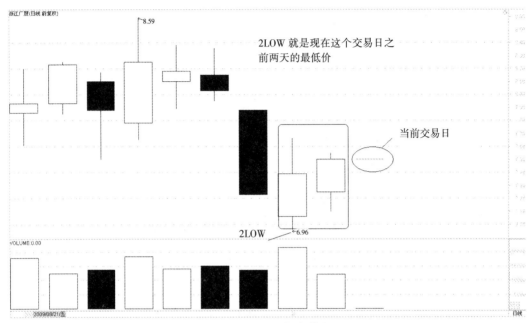

图 5-5　2LOW 止损点的定义

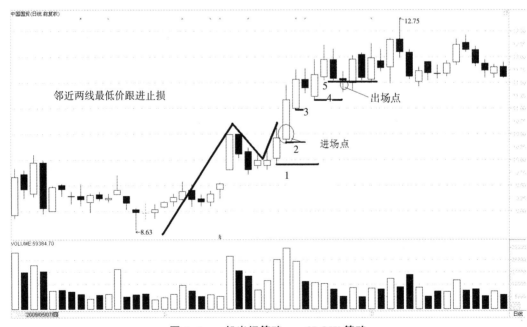

图 5-6　一般出场策略——2LOW 策略

下面我们来看两个利用 2LOW 策略出场的 N 字结构盘口操作法的实例，首先来看第一个实例，如图 5-7 所示，这是民生银行的日线走势图。当股价和成交量出现相应的 N 字结构之后，我们在图 5-7 进场点标示处买入，当日收盘后，2LOW 止损点设定在水平线 1 处，第二日开盘之后，止损维持在水平线 1 处。进场第三日，2LOW 止损移动到水平线 2 处。此后以此类推，最后在跌破水平线 8 处超过 0.1 元时止损。

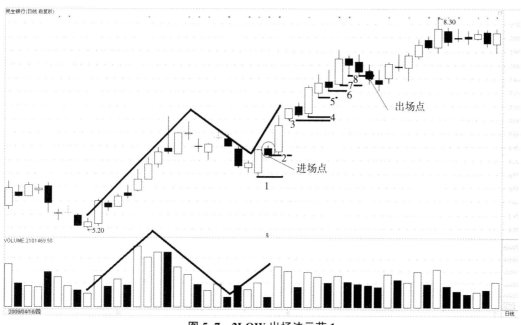

图 5-7　2LOW 出场法示范 1

下面我们再来看一个例子，这是楚天高速的短线炒卖实例，如图 5-8 所示。满足神奇 N 字结构盘口操作法之后，在图中进场点买入。进场第一天收盘时，将 2LOW 止损放置在两天的最低价处，这就是水平线 1 处。进场第二天开盘，2LOW 止损放置不变。进场第三天开盘，2LOW 止损移动到前两天的价位最低点，也就是水平线 2 处。进场第四天开盘，**2LOW 止损移动到前两天的价位最低点**，也就是水平线 3 处。以此类推，进场第十二天开盘，2LOW 止损移动到前两天的价位最低点，也就是水平线 9 处，当天开盘就有效跌破了2LOW 止损点（跌破幅度达到 0.1 元），于是卖出该股。

移动止损可以帮助我们获得某种心理优势。

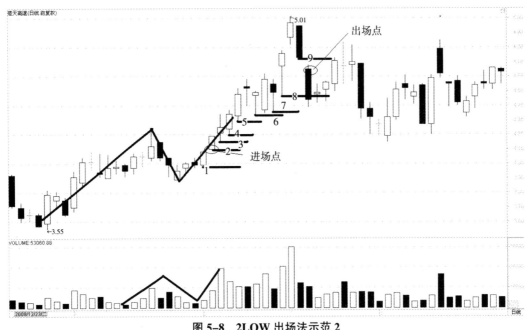

图 5-8　2LOW 出场法示范 2

　　A 股市场上的个股短线操作我们一般在日线走势图上操作，以日为单位，但是在权证市场上的操作则一般是日内的，分时走势图是权证日内操作的基础，如图 5-9 所示。这是上汽权证的分时行情，当利用 N 字结构进场操作之后，我们会密切注视出场

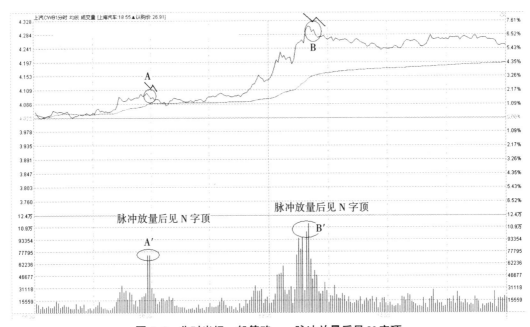

图 5-9　分时出场一般策略——脉冲放量后见 N 字顶

的信号。对于神奇 N 字结构盘口操作法而言，分时出场的一般策略是：脉冲放量后见 N 字顶。请看图 5-9，这是上汽权证的日内分时走势图，A 处和 B 处是两个分时出场点，两者的特点是：首先是分时**成交量脉冲式**放出，紧接着分时走势图出现下降 N 字。当这两个条件先后满足时，分时出场的条件也就具备了。

放天量的价位被跌破，这是一个紧急信号，不可忽视。如果放天量的价位被升破，这是什么信号呢？

下面我们来看一个具体的实例，如图 5-10 所示，这是一只权证的分时行情，卖出点如图中的标注所示，首先是 A′ 处的脉冲式放量，接着 A 处的股价走势呈现向下 N 字，于是卖出点确认了。

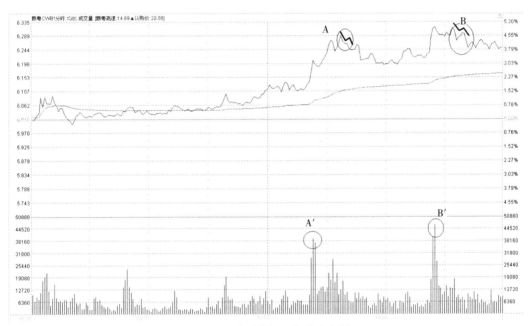

图 5-10　分时出场一般策略实例

神奇 N 字结构盘口操作法的出场是非常重要的环节，对于日间炒家而言，2LOW 止损策略是不错的出场方法，对于日内炒家而言，脉冲后下降 N 字则是高效的出场信号。就所有交易类型而言，**出场比进场更为重要**，如果你明白这个道理，则你可以操作得更好。

亏损要越小越好，盈利则要赚足，但又不能奢求行情给不了的利润。

第三节　N 字结构操作法的加仓和减仓

对于股票和期货日间交易者而言，不懂得仓位变化，特别是不懂得加仓，会少赚很多钱，甚至会因为趋势跟踪交易而亏钱。神奇 N 字结构盘口操作法的基本方法是单一仓位，当你熟练之后则可以将仓位管理的内容融入其中，本书对较为复杂的仓位管理只给出一定的指南，具体的东西需要你进一步地去体会和总结。小资金操作者可以采用 1/3 仓位介入，中等资金的操作者则可以利用 10 份资金中的 5 份进行仓位加减，也就是说动用的仓位在 1/10 到 5/10。

神奇 N 字结构操作法的进场条件其实也是加仓条件，而出场条件其实也是减仓条件。当你是小资金交易者的时候，每次进场条件满足你都用 1/3 仓位介入，然后当出场条件满足时，你就将此 1/3 仓位了结。如果你是中等资金的交易者，则每次进场时你都利用 3/10 的仓位，当出场条件满足时，你了结 2/10 仓位，然后等进场条件又满足时加上 2/10 的仓位或者是等出场条件再次出场时，再减去 1/10 仓位，对于前面一种情况，则此时总仓位为 4/10，对于后面一种情况，则此时总仓位为 1/10。这就是仓位的变化之道，简单而言，一般意义的进场位置都是很好的加仓位置，如图 5-11 所示。

仓位的加减基本要从概率的角度来定夺，某种典型情况下的胜算率和风险报酬率需要炒家经历多次后才能获得，所以实际的炒股经验对于炒家而言是非常重要的。要想快速掌握某种具体情形下的胜算率和风险报酬率结构就必须学会从支撑线（阻力线）的角度去看待可供交易的机会和行情的演化方向。我们一般以**帝娜仓位管理模型来指导交易者从支撑线（阻力线）的角度看待和调整仓位**，请看图 5-12。A 股炒卖规则上，短线炒家不用考虑所谓的做空，所以支撑线就是

先从单位仓做起，然后慢慢总结，逐渐将仓位充分利用起来。

这个仓位管理模型曾经被别人剽窃后发表到国内某知名证券周刊上。但是，这位剽窃者又对这个仓位管理方法了解多少呢？遑论实践了多久？仓位管理方法要发挥作用必须经历长期的实践和反思，否则还是空中楼阁。

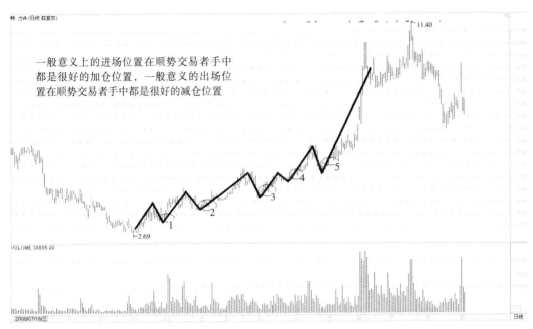

一般意义上的进场位置在顺势交易者手中
都是很好的加仓位置，一般意义的出场位
置在顺势交易者手中都是很好的减仓位置

图 5-11　进场和加仓的意义等价

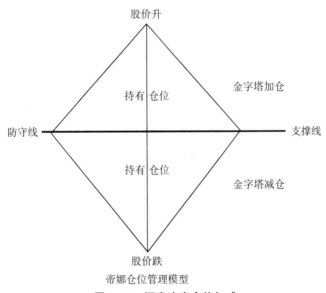

帝娜仓位管理模型
图 5-12　概率决定仓位加减

我们理清胜算率和风险报酬率的最佳武器。当股价在支撑线上时，我们买入获利的概率就高，就应该持仓（或者是偏向持有更多的仓位），当股价在支撑线下时，我们买入获利的概率就低，就应该减仓（或者是偏向持有接近零的仓位）。当股价向上远离支撑线时，按照股价运动的惯性和趋势交易的要求，我们应该逐步增加仓位，并且增加的边际量应该是递减的，这就是金字塔加仓手法。顺势金字塔加仓既可以抓住一段单板上扬走势，又可以避免加大调整和反转带来的风险。当股价向下远离支撑线时，按照股价运动的惯性和风险管理的要求，我们应该先减去大部分的仓位，这样一来就可以控制住风险的扩大，同时留有少部分仓位避免市场的"噪声波动"引发交易者错误的全仓止损。

在《高抛低吸——股市斐波那契四度操作法》中，我们对"帝娜仓位管理模型"从另外的角度有过一些介绍，在本书中我们则从概率对仓位影响的角度对该模型有所介绍。其实，**股价的发展过程就是一个胜算率和风险报酬率结构不断变化的过程**。根据凯利公式，**仓位也应该随之不断变化**，因为凯利公式中的自变量是胜算率和风险报酬率，因变量则是持仓比率。帝娜仓位管理模型和凯利公式的结合理解可以帮助短线炒家更好地将一些概率理论方面的东西与交易实际结合起来，而这个结合点就是胜算率和风险报酬率与支撑线/阻力线的联系。关于进场和出场，以及加仓和减仓与仓位管理的全面深入联系，以及短线炒家对此的普遍漠视将成为下一课的主题。

> 仓位变化是有成本的，这就限制了仓位变化的频率。所以，仓位变化有必要性，还要考虑可能性。实践的过程就要求我们在两者之间取得现实的平衡。

第四节　升华与思考——【高位换手的性质和接力】

高位换手涉及个股是否能够接力上涨是个非常重要的问题。在展开主题之前，我们先介绍一个基本的概念——换手率。

什么是换手率呢？

换手率就是"某一段时期内的成交量/发行总股数 × 100%"。

换手率是在成交量的基础上发展出来的。成交量是一个绝对量，而换手率则是一个相对量。量比与换手率是股票短线交易者比较喜欢的两个资金流指标，可以看出以游资为代表的短线资金的动向。

资金往哪里去，短线客的炒作就应该朝着哪个地方去。量比和换手率就是短线客手中较为常用的资金定向工具。

提到换手率，我们不得不强调"主力资金性质的差异与换手率差异"。对于机构主导的股票而言，也就是所谓的"白马股"，低换手率是常态；对于游资主导的股票而言，也就是所谓的"黑马股"，高换手率是常态。当然任何情况都存在意外，对于一些连续一字板的个股而言，虽然换手率极低，但是机构并未主导。

作为价值投资的标的，机构以中线的角色在其中运作，这类个股涨停较少，换手率较低，日换手率长期小于 3%，甚至经常低于 1%，但是走势稳健，比如一些长时间走牛的行业龙头股。

作为题材投机的标的，游资以短线的角色借助于人气快进快出，这类个股经常涨停，连板概率高，换手率高，日换手率非常高，经常超过 5%，波动率高，小盘股、次新股、绩差股是游资进攻的主要对象。

简单来讲：

机构票——白马股，低换手率是常态；游资票——黑马股，高换手率是常态。

投机，我们肯定做适合游资类型的股票，因此整体换手率高的股票是重点投机的目标。游资票的平均换手率显著高于机构票，因此我们要投机，必须在平均换手率高的个股中去寻找，这是一个基本要求。龙虎榜、量比排行榜和换手率排行榜上名列前茅的个股需要我们去琢磨。

一只游资参与的妖股或者龙头股，虽然整体换手率较高，但其换手率也存在周期性的波动，有时候相对较低，有时候相对较高。

换手率相对较低的阶段，我们称之为"一致"阶段；

换手率相对较高的阶段，我们称之为"分歧"阶段。

比较常用的换手率是日换手率，也就是日线走势上每一日的换手率。我们在这里要介绍的**"高位换手"具体来讲就是一波上涨的最高点出现了最高换手率**。也就是说股价在高位出现了"分歧"和"爆量"。

最高点是这波行情当时的最高点，未必是整个行情的最高点。"爆量"是这波行情的最高成交量，也是换手率的阶段性高点。股价可能就此见顶，也可能继续上涨，成为龙头股或者妖股。比如星期六这只网红直播的龙头，在出现"高位换手"后继续上涨，这个"高位换手"的性质就是接力而非见顶（见图 5-13）。

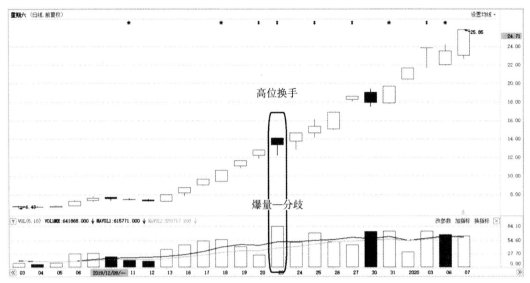

图 5-13　接力性质的高位换手

　　简单来讲，高位爆量出龙头和妖股。同时，高位爆量也可能是见顶的特征。为了区分两者，我们需要深入研究"高位换手日"的性质和接力潜质。

　　"高位换手日"是此波上涨截至当时的最高成交量日，如何判断其性质呢？是接力还是出货呢？

　　第一，如果有龙虎榜，可以结合当日进场和离场的席位特征来分析，如果代表进场的是喜欢高位接力的席位，比如一度大名鼎鼎的"欢乐海岸"，那么接力的概率就会高一些，还有一些席位喜欢"一日游"或者"砸盘"，比如"成都北一环"，那么就要减分。又比如"拉萨团结路"是散户集中的席位，如果席位在高位换手日进场，那么接力的潜质就差了很多。

　　第二，可以结合题材的性质来分析，比如 2019 年末"网红直播"这个题材就具有更强的影响力和生命力。为什么这样说呢？一是高层公开表态力挺，这个很少见，可以称为"中央加持"；二是机构对一些相关个股进行了集中调研，这是"机构加持"；三是这为一个全新题材，好比此前的"大麻概念""无线耳机概念"等。这样一个双强题材，肯定会比此前那些未能得到"中央加持"的概念走得更高更久，这就意味着高位换手是接力的概率更高。

　　插一句题外话，**寻找一个比较基准，在此基础上推断未来的行情空间，这就是"对标思维"。**

　　第三，除了席位特征和题材性质之外，我们还可以从板块效应的角度来判断高位换手的性质。板块龙头是否稳健，板块内梯度次序是否井然，后排个股是否支持领涨股，烂板后分时承接如何，等等。

第四，这个判断"高位换手日"性质的方法是纯技术的：以天量日的高低价位为基准，此后如果价格从天量日高点之下起涨，向上突破天量日高点，则高位换手板的性质是主力接力。

跳空高开突破天量日，最需要等待收盘后才能确认此前的换手性质，因为此种情况下是主力接力的可能性很低。

如果天量日的低点收盘被跌破，则高位换手的性质是主力出货，已经持仓者应该减仓或者平仓，比如漫步者高位换手日最低点被跌破的实例（见图 5-14）。

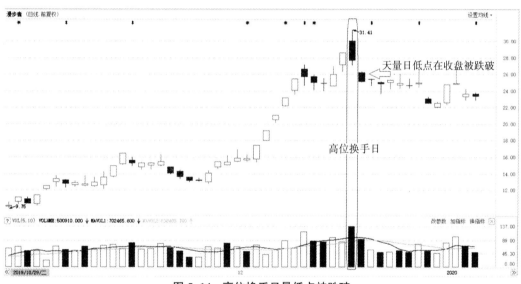

图 5-14　高位换手日最低点被跌破

第五，这个研判思路则比较机械，**一旦高位换手率超过 70%，则"高位换手"的性质是见顶而非接力**。因为这样的换手率太高，后续资金难以接力。

第六，受到消息面的刺激，跟风上涨的个股，此前打了擦边球，这种股票在整个板块首次分歧的时候就容易掉队，后面基本上缺乏上行空间了，这类股再接力上涨的概率很低。但是，在"高位换手"当中有一种非常重要的类型，那就是"高位换手板"，也就是一波上涨的最高点出现了天量，同时涨停。

"高位换手板"存在暴利机会。为什么这样说呢？成本重置了！这是一种"准次新股"，这是妖股和龙头股的起点。

妖股都是超预期的，有独特之处。一只股票要成妖股，必然经历从三连板到四连

板的阶段。**每天关注三板进四板的个股是第一时间识别妖股的关键。在这个过程中，"高位换手板"经常出现。**

在第三个涨停板出现了爆量，这就值得注意了。当然也可以放宽到第二个涨停板或者第四个涨停板。高位有大资金进来了，说明支持股价上涨的逻辑还是很强大的，除非出现突发情况，否则不会马上卖出。同时有大量资金离场，获利盘也了结了大部分，整个持仓成本提升了，这就是**"筹码成本重置"**。

顶级的游资高手往往都非常重视"高位爆量涨停"，许多超级龙头股和妖股都有这一特征。**任何一个超级题材出来后，都要等整个板块第一次分歧时才能确认板块龙头，往往高位换手涨停的才是整个板块的"真龙天子"！**

比如，2019 年上半年的"人造肉"概念，丰乐种业就是在整个板块第一次分歧的时候，经高位换手成了龙头的（见图 5-15）。

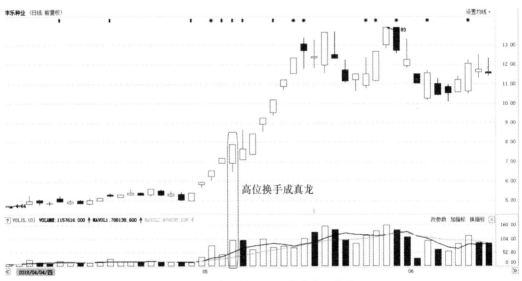

图 5-15　高位换手接力成功荣登龙头

那么，"高位换手板"有哪些具体类型呢？常见的有爆量 T 字涨停板、爆量大长腿涨停板、爆量地天板、爆量烂板等。出现这些"高位换手板"之后，我们应该根据前面介绍的六点思路去研判"高位换手日"的性质和接力潜质。

一切交易的王道：进出加减和仓位管理

无论你从事股票短线买卖，还是中长线投资，无论你是在期货市场上驰骋，还是在货币市场上血战，涉及你最后盈亏成败的都是"进出加减"四字，如果你不从这四个字入手，则很难得到真正的利润，你得到的只是观念上的满足和自尊上的虚幻优越感。**很多市面上的炒股书籍、炒汇书籍乃至所谓的期货入门书籍，甚至一些"宝典秘籍"都没有说出"买入点是什么，卖出点是什么"**，它们只是笼统地告诉你"什么情况下要涨，什么情况下要跌"，但是真的是知道涨跌就能成功买卖吗，如果你这样想，你就跟绝大多数股民想法一样，既然这样你怎么能奢望自己的绩效超过绝大多数股民呢？

进场点是什么？初始止损放在什么位置？行情按照预期发展之后，出场点怎么规划？

第一节　会买，不会卖：股市 20 年之怪现状

股民看股评，看股票书，问经纪人，问"高手"诸如此等行为基本都冲着"买什么"去的，似乎"买对"就能赚钱，岂不知这是最大的误解。经历多年的股市磨砺之后，"摸爬滚打"出来的经验仍旧集中于股票的买入上。中国股市发展已经有 25 年的历史了，炒股的书也差不多有上万种了，而且**2006 年到 2007 年的狂热股市使得证券新书的数量加速增长。**

股市狂热的时候，什么样的证券书最受欢迎？这个问题你搞清楚了，也就明白了为什么绝大多数人在股市里面一直亏钱了。

但是，我们不仅要问，为什么有了这么多书籍和"大师"的指导之后亏损的人仍旧是占绝大多数呢？这个问题有深层次的回答和直接的回答两种，所谓深层次的回答源于金融市场运作和存在的需求，毕竟金融市场短期内的存在完全要靠佣金，而这直接导致了投机必定是"零和游戏"。如果直接对上述问题给出回答，则市场主流和媒体大众重视"买入"，而忽视"卖出"，大家不信可以去翻翻市面上卖得火的证券书籍，看看大家手里看的炒股书籍，其中基本都在讲什么股票会涨，什么时候买入，关于卖出基本没有谈，即使有关于卖出点的内容和书籍也相当肤浅，缺乏逻辑。

"会买，不会卖"成了中国 A 股市场，甚至全球散户炒股的怪现状，很少有人会问关于卖出的问题，更少有散户去全身心琢磨这个问题。"截断亏损，让利润奔腾"涉及提高风险报酬率（提高盈亏比），也是投机大师杰西·利弗摩尔苦口婆心教诲的重点，这句话的两个要点都涉及的是出场，而不是进场——无论是"截断亏损"，还是"让利润奔腾"都是**出场的问题，而不是进场**。

短线交易对胜算率的要求比波段交易和趋势交易更高，而进场对胜算率的高低有直接影响，但是决定交易更重要的绩效因素是风险报酬率，后者完全取决于出场。较早地兑现利润和较晚地兑现亏损会让炒家有一个非常高的胜算率，但是得到的风险报酬率却非常差，不过追求高胜算率是人类的天性，自然也就无法得到一个恰当的风险报酬率了。

股票短线交易的买入策略无非有四类。第一类买入策略以技术指标的"固定信号"为准，比如 KDJ 信号金叉，MACD 柱线背离，RSI 超卖等，这是比较初级的股民习惯的方法。这类方法排除了一定程度上的主观性，比较易于掌握，但效果一直备受诟病，越是普遍的指标用法其效率越低。注意，这里说的是"指标用法"而不是"指标"本身。大众使用得比较少的指标用法是"背离分析"和"对指标信号线进行趋势线分析"。第二类买入策略涉及股价本身，一般而言是

正确的仓位管理让你处于"不败之地"，然而选股才决定你能够赚取利润的上限。

蜡烛线形态（K 线形态，比如早晨之星）和西方的技术形态（比如双顶等），这类买入策略的时效性强于技术指标，毕竟技术指标信号较为滞后。使用第二类买入策略的股民应该算得上是一个老股民了。**第三类买入策略涉及成交量和股价的联合**变化，像神奇 N 字结构盘口操作法就属于此类，价量分析的使用人数很少，专一使用此类方法的人也很少。第四类买入策略涉及主力博弈思维分析，这种策略不光要看大众对消息的反应，还要看盘中的买卖盘变化，以便从大众忽视的蛛丝马迹中看出主力的意图和力量，在 N 字结构盘口操作法中也融入了部分这类策略的思想。

　　无论你采用什么样的短线买入策略都可以归入上述的四类策略中，当然你也可以在上述四类策略中加入基本分析的成分，这是你自己的发展，但基本成分仍旧是上述四类策略中的某一类或者综合，最终决定你交易绩效的还是要靠出场。但是，人的天性使得绝大多数炒家都无视**出场的重要性**。

> 资金往哪里走，资金将往哪里走，新兴题材引领资金。资金的流向往往通过 N 字结构露出马脚。

> 出场决定了你是否立于不败之地。

第二节　散户心理永远都是输

　　散户从心理上讲已经是输家了，这个心理不是所谓的信心问题，而是散户的心理倾向导致他们往往做违背盈利规律的事情。在《高抛低吸：股市斐波那契四度操作法》一书中我们曾经提供了一幅深刻描绘散户心理的图片，如图 6-1 所示。这幅图就是一面镜子，为你的行为提供了参考。

　　散户倾向于做令自己感到舒服的买卖，而**舒服的结果往往是违背仓位管理的根本原则**，舒服的交易往往等于失败的交易。Bill Eckhardt 是理查德·丹尼斯的搭档，他们开展了著名的海龟培训计划，这在交易界传为佳话，如果你对此比较陌生，可以去网上搜一下"海龟交易"。他说了一句流传甚广的话：大意为：令你感到舒服的交易操作往往是错误的操作！

> 仓位管理的根本原则是"截断亏损，让利润奔腾"，让我们感到舒服的做法是"尽快兑现利润，留下亏损头寸等待回归"。

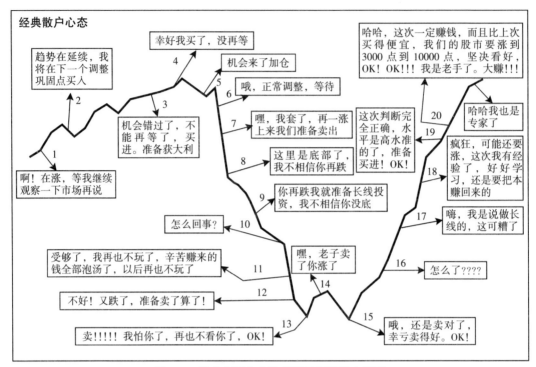

经典散户心态

1 啊！在涨，等我继续观察一下市场再说

2 趋势在延续，我将在下一个调整巩固点买入

3 机会错过了，不能再等了，买进。准备获大利

4 幸好我买了，没再等

5 机会来了加仓

6 哦，正常调整，等待

7 嘿，我套了，再一涨上来我们准备卖出

8 这里是底部了，我不相信你再跌

9 你再跌我就准备长线投资，我不相信你没底

10 怎么回事？

11 受够了，我再也不玩了，辛苦赚来的钱全部泡汤了，以后再也不玩了

12 不好！又跌了，准备卖了算了！

13 卖！！！！！我怕你了，再也不看你了，OK！

14 嘿，老子卖了你涨了

15 哦，还是卖对了，幸亏卖得好。OK！

16 怎么了？？？？

17 嗨，我是说做长线的，这可糟了

18 疯狂，可能还要涨，这次我有经验了，好好学习，还是要把本赚回来的

19 哈哈我也是专家了

20 这次判断完全正确，水平是高水准的了，准备买进！OK！

哈哈，这次一定赚钱，而且比上次买得便宜，我们的股票要涨到 3000 点到 10000 点，坚决看好，OK！OK！！！我是老手了。大赚！！！

图 6-1　散户典型心态违背了盈利的基本规则

("What feels good is often the wrong thing to do!") 这句话点出了股票炒卖中的悖论，那就是你感觉正确的做法往往是错误的做法，你做出的预期盈利行为往往导致你亏损。这就是股票交易中的最大现实。当你被各种建议和传言包围时，你很难做出明智的决策，你做出的都是感觉舒服的错误决策。而成功的股票交易者不会盲从大众和顺从自己的本性，他们不会去做那些令自己本能感到舒服的决策。他们谋求的是利润，而不是"舒服"！遵守纪律同时适应"不舒服"的感觉是长期交易获胜的关键。要想获得对错误交易习惯的永久免疫是不太可能的，没有任何人能够做到，因为我们都是有情众生。唯一的现实做法就是坚守"戒律"，"戒定慧"的修炼之道用在股票交易上也不是不适合。管理好自己的情绪，同时恪守纪律是股票短线交易获胜的关键之一，随时反省自己的情绪对于股票短线交易者而言是非常重要的。

英国著名的 NLP 和催眠治疗大师 Jamie Smart 有一句名言："**Our Beliefs Shape Our Reality!**"也就是说我们的信念引致了我们所处的环境，观念决定了绩效。请看图 6-2，该图左半部显示了交易者具备的倾向性效应。

倾向性效应是 Kahnneman 和 Tversky 投资前景理论的一个延伸含义，在前景理论中，当投资者面临简单选择时，其行为透出一个 S 形的效用函数。什么是"倾向性幻

觉"呢？以买彩票为例，如果你连续坚持同一个号码买了好几期的福利彩票，但是你一直没有中过大奖，突然有一天你决定换成另外一组数字来买彩票，结果该期开出来的大奖恰好是以前你一直买的那个号码，这下你就马上责怪自己没有坚持买这个号码，内心充满了后悔和遗憾。

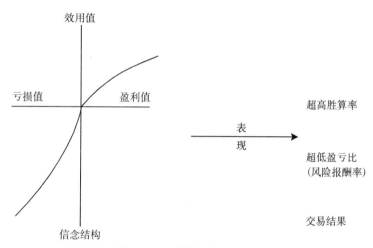

图6-2 交易信念决定交易绩效

请看图6-2，这是一个较为特殊的效应函数，因为横轴的负半轴代表交易者面临的亏损，而右半轴则代表交易者面临的盈利，纵轴则是效用值。如果你对经济学的效应函数不是很理解的话，理解起来会有一些吃力，不过你通过我们对图6-1的描述应该大致能够掌握其含义要点。交易者的效用函数在面临亏损时呈现"凹形"，在面临盈利时呈现"凸性"，这些是经济数学的术语，大家能够理解最好，不能理解也没有关系。

从图6-2中可以看到，面临亏损时，交易者的效用函数更加陡峭，这是效用递增的表现，也就是说亏损减少带来的正面效用是递增的，而亏损增加带来的负面效用是递减的；面临盈利时，交易者的效应函数更加平滑，也就是说盈利增加带来的正面效用是递减的，而盈利减少带来的负面效用是递增的。人们以进场价位作为盈亏参照的标准，比如一个股票投资者因为相信一只股票的期望回报足够补偿其风险而买入了这只股票，此后这只股票股价开始上扬，而这位投资者则继续以买入价作为参照点，投资者效用函数的右侧部分在发挥心理影响力，这时候价格继续上升的边际正面效用下降，交易者倾向于尽快卖出获利的股票。如果这位投资者买入之后，这只股票价格出

买入点经常成为"锚定点"，我们会依次作为参照基准，而这造成了某种非理性心态和行为。

现了下滑，**以买入价作为参照点**，则投资者效用函数的左侧部分在发挥心理影响力，这时候价格继续下跌的边际负面效用递减的，比如从亏损 0 元到亏损 500 元的边际负面效用要远远大于亏损 500 元到亏损 1000 元的边际负面效用，这使得炒家倾向于继续持有亏损的头寸。Terrance Odean 发现炒家经常以进场价作为参照点，然后随着价格的下降和上升，分别以递增和递减的效用函数来判断交易的心理价值。不过，有时候由于持有头寸太久，（做多）炒家可能以近期的价格高点或者低点作为参照点，这时候炒家在面临对低于该参照点的价格时，会以效用函数的左侧部分应对，在处理高于该参照点的价格时会以效用函数右侧的部分应对。总而言之，炒家倾向于将该参照点的价格作为效用函数坐标的 0 点，然后分别以递增效用函数应对相对参照点亏损的头寸，然后以递减效用函数应对相对参照点盈利的头寸。

炒家的先递增再递减的效用函数使得他们在交易中倾向于扩大平均亏损，进而缩小平均盈利，长期交易下来则其盈亏比倾向于很低，也就是说风险报酬率很低（可以通过历史的平均盈利除以平均亏损近似得到），这就是交易者的绩效三要素之一的风险报酬率大幅度降低了（绩效三要素在《外汇交易圣经》一书中有专门论述，分别是风险报酬率、胜算率和周转率）。炒家这种典型的效用函数表明了一种厌恶风险胜于追求盈利的倾向，这是人类进化中发展出来的风险防范意识，人在受教育过程中也容易受到这种意识的影响，特别是中国内地"宁可不做大事，也不做错事"的传统对交易者负面影响较大。这种消极保守的信念体现在交易绩效上的一个表现就是风险报酬率很低，亏的基本是大钱，赚的基本是小钱，请看图 6-2 右半部分。一个有着"正常"信念结构和效用偏好结果的股票炒家往往会抱着亏损头寸不放，恰好大部分亏损头寸最后会真的回到进场价位，甚至还能盈利，而对于盈利头寸是尽早兑现，长期下来必然获得一个很好的胜算率，如图 6-2 右半部分所示。如图 6-2 所示的恰好是绝大部分股

票炒家的情况，而股票市场中绝大多数人都是输家。

总而言之，图 6-2 显示了人类在出场决策上的**非理性**，以及由此带来的糟糕结果，大家可以去翻翻自己和别人的短线交易记录，可以发现基本符合上述规律的现象。

> 利用对手盘的非理性盈利，纠正自己的非理性立于不败之地。

第三节　出场、出场，还是出场

神奇 N 字结构盘口操作法的一般出场策略我们在前面的课程里已经介绍了，这就是基于两日最低点的 2LOW 出场策略。但是光掌握这一种出场策略对你的整个短线交易生涯而言是不够的，毕竟你需要在基本的 N 字结构盘口操作法的基础上提高自己的绩效水平，而绩效水平能够提高与你对出场技巧掌握的程度密切相关，所以本小节主要介绍三类基本出场策略的各种具体方法。

股票买入之后有三种基本的出场策略，如图 6-3 所示，这就是前位出场法、同位出场法和后位出场法。**前位出场法相当于上涨到预定的价位目标出场**，后位出场法则是股价回调到预定的价位目标出场，同位出场法则是股价当下表现的某些特征导致了出场。

> 斐波那契投射点位为前位出场法和同位出场法提供了目标点位谱系。

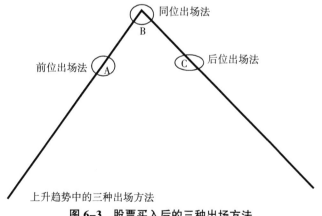

图 6-3　股票买入后的三种出场方法

我们来看一个简单的例子，如图 6-4 所示，这是中国石化的日线走势图，假如在图中这波上涨行情的开始或者是中间阶段买入，如果你假定自己的出场目标在 A 处，则可以被认作是前位出场点，因为你认定的出场目标价位通常都不会是行情的真正顶点。如果行情走到 B 点，你从**蜡烛线和成交量的角度**认定这是潜在顶点，并立即卖出，则 B 点就是同位出场点。如果行情从高处跌落了足够的幅度，触及你的止损价位，假定该止损价位在 C 点附近，如你在 C 点附近卖出，则 C 点就是后位出场点。

同位出场法中可以结合价量信号和斐波那契点位，最好考虑"利好兑现"这一题材信号。

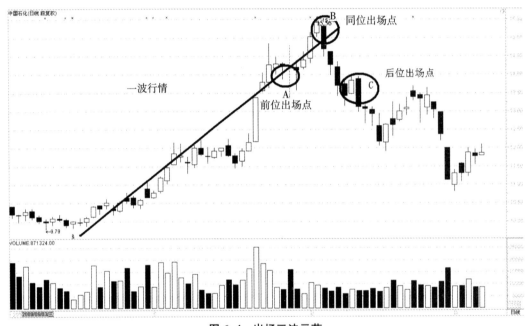

图 6-4 出场三法示范

下面分别对三类基本的出场方法进行介绍，每类基本出场方法下面又有很多子类，只能点到为止，启发你的短线出场思维。如果你能够将三种出场方法结合起来使用，则效果更高，对于基本的 N 字结构盘口操作法而言，2LOW 出场法是最常用的和必要的。但是，这并不排斥其他出场策略。

首先介绍前位出场法，其基本模型如图 6-5 所示。一段上升走势中，假如在 A 进场买入，则在买入个股当时或者是买入后不久就设定了利润兑现目标，这就是 B 点，B 点往往

是支撑阻力位置，当价位达到 B 水平时就出场，这就是前位出场法，也就是说出场价位在当前价位的前方。

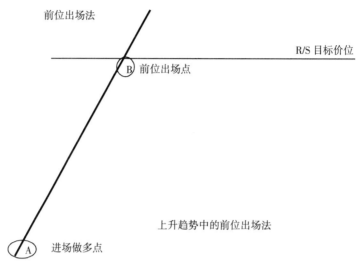

图 6-5　前位出场模型

前位出场的具体策略有很多，我们介绍一些较为常见的。第一种是**前期高点作为出场目标**，这个目标在进场前后不久就定下来了，如图 6-6 和图 6-7 所示。两个例子中 B 点是前

前期高点附近做一些减仓是绝大多数成熟投机客的习惯做法。

图 6-6　前位出场点（1）——前期高点

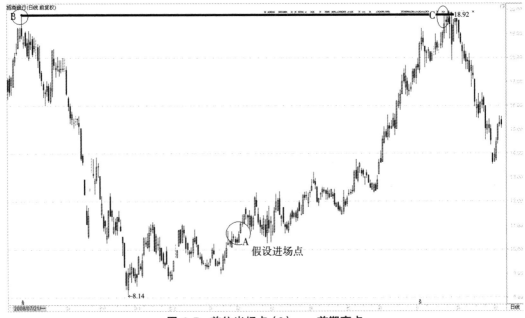

图6-7 前位出场点（2）——前期高点

期高点，一般要求是显著高点，否则实战意义不大。进场点假定在 A 点，前位出场点则在 C 点。

斐波那契回调水平也是常用的出场目标，如图 6-8 所示。BC 是被回调段，设为单位 1，进行斐波那契回调分割，假定 A 点附近进场买入，则此后的各个斐波那契回调

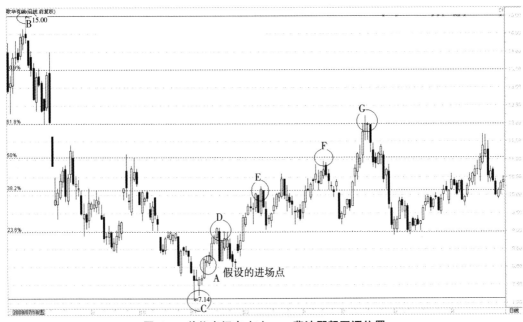

图6-8 前位出场点（3）——斐波那契回调位置

水平都可以设定为出场目标，当然实际上就只能选择其中一个回调水平作为前位出场点。在本例中股价得到**每条关键斐波那契回调水平时都出现了程度不同的回调，**这显示了斐波那契回调水平作为前位出场点的可靠性很高。关于斐波那契回调水平的更加全面和深入的运用，请参看《高抛低吸：股市斐波那契四度操作法》一书。

　　第二种前位出场策略是根本不管股价本身的走势情况，而是以固定的盈利百分比甚至盈利绝对值作为出场依据的，说白了就是"赚到多少钱就走"。请看图 6-9，这是宁波联合的日线走势图，假定短线炒家在 A 点进场买入，出场点为利润增长 50%时，也就是图中的 B 点，此后价位达到 B 点，短线炒家也就卖出了。这种策略比较死板，新手多采用，完全不顾市场本身的走势，该不亏的时候可能大亏，该大赚的时候可能小赚。

单纯斐波那契点位的问题在于，你怎么知道哪一个点位是真正的转折点？结合价量形态和题材。

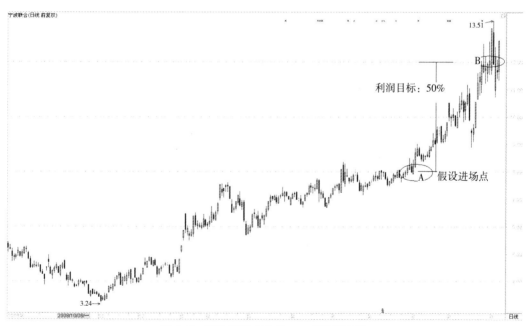

图 6-9　前位出场点（4）——利润目标法

　　一般而言，在传统交易界比较推崇的出场策略都是后位出场法，其基本模型如图 6-10 所示。在 A 点进场买入之后，

股价如预期上升，出场点就是跟进止损点，当股价上升之后回落一定幅度，在 C 点跌破 B 点的跟进止损，则短线炒家就应该在 C 点附近卖出该股。就一般意义而言，**后位出场法比较符合"截断亏损，让利润奔腾"的"古典戒律"**。

什么情况下，利润有奔腾的现实基础？持续利好题材或者重大题材才能导致利润奔腾的出现。政策龙头股和业绩龙头股，你擅长哪一类呢？

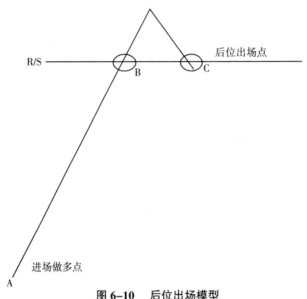

图 6-10　后位出场模型

移动平均线在交易界的地位仅次于价格和成交量本身，你可以看到不少"高手"和"大师"都在推荐移动平均线的使用，很多交易策略和交易系统也将移动平均线作为主体。**移动平均线是后位出场法经常用到的一种工具**，也就是说当股价跌破特定移动平均线时，出场就发生了，这是大家非常熟悉的一种出场方式，两根甚至多根移动平均线也是如此，请看图 6-11。这是南京高科的日线走势图，假如短线炒家在 A 处附近进场买入该股，预定股价跌破 60 日移动平均线时卖出，则当股价在 B 处跌破 60 日移动平均线时卖出。

从年线、半年线到 10 日线和 5 日线，A 股市场中大家关注的均线实在太多了。

除了利用移动平均线作为后位出场的工具之外，还可以利用水平支撑线（水平趋势线的一种常见形式）进行后位出场操作，如图 6-12 所示。该例是葛洲坝的日线走势图，假定短线炒家在 A 点进场，并且设定了初始止损（此处省略），当股价发展到 13 元附近时，跟进止损设定到波段低点 B 处，B

图6-11 后位出场点（1）——移动平均线

图6-12 后位出场点（2）——水平支撑线

价位构成了一处水平支撑。股价在C处跌破了B点的支撑，于是短线炒家卖出该股。

前面详细介绍的2LOW出场法也属于后位出场，请看图6-13。这是浙江富润的日线走势，假定短线炒家在A处买入，则当天收盘时将初始止损设定在水平线1处。第二日开盘时止损不变，仍旧在水平线 1 处。第三日开盘时，将止损参照点移动到水平线 2 处，当日拉出了大阳线，并未跌破该止损参照点。第四日开盘时，将止损参照点移动到水平线 3 处。第五日开盘时，将止损参照点移动到水平线 4 处，当日盘中并未跌破该水平线。第六日开盘时，将止损参照点移动到水平线 5 处，当日收出了小阴线，有一定的下影线，但是并未跌破水平线 5。第七日开盘时，止损参照点仍旧在水平线 5 处不变，盘中有效跌破此水平位置，于是卖出该股。2LOW 出场法采用两日的最低价位作为跟进止损点，以最简单有效的方式遵循"截断亏损，让利润奔腾"的法则，它比移动平均线更为及时地止损，**比水平支撑线方法更简单，可以排除主观成分。**

2LOW 作为短线出场点更加简洁高效，否则我们怎么应付得过来这么多交易呢？

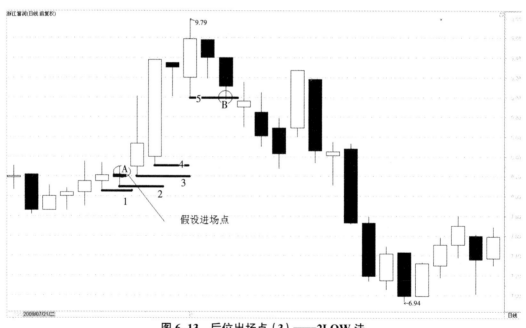

图 6-13　后位出场点（3）——2LOW 法

同位出场法适合超级短线客，也就是那些以刮头皮为主的短线炒家。毕竟，当你面对较小的利润空间时及时出场就显得非常重要了，因为你不能承受太大回调，也不能丢掉可观的行情。同位出场法的模型如图 6-14 所示，假如短线炒家

在 A 点入场买入，当股价发展到 B 点时则出现了当下卖出的信号，于是短线炒家应该迅速出场。同位出场的主观性比前位出场小，而其及时性比后位出场好，缺点是可靠性不如后位出场，而及时性一般不如前位出场。

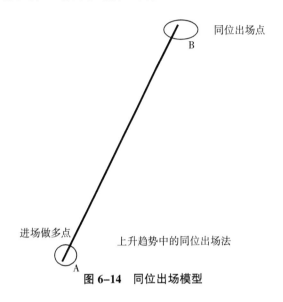

图 6-14　同位出场模型

下面我们介绍两种具体的同位出场策略。第一种策略是通过成交量来及时甄别波段高点，甚至全局高点。请看图 6-15，这是凤凰光学的日线走势，假如短线炒家在 A

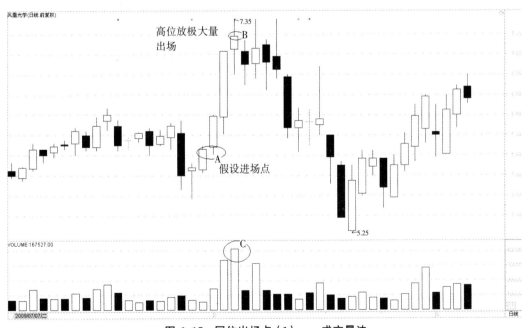

图 6-15　同位出场点（1）——成交量法

遇到天量，你要先问一句：谁在卖？谁在买？大盘狂热的时候，媒体上对该股一致看好的时候，你认为这个时候的天量会是主力在买，散户在卖吗？大众最不冷静，到底谁是乌合之众呢？

严格来讲，低位天量更可能是起涨点，而高位的天量则可能是新一波行情的起点，也可能是转折点。如果是新一波行情的起点，那么必然很快创出新高，如果是转折点意味着股价就此下跌，不会创出新高。

点进场买入，当持仓到 B 点时，成交量放出天量，这就是出场点，短线炒家应该在 B 点处见信号后马上卖出。**成交量的天量**反映了散户大众的群体狂热，也是主力出逃的标志，所以见成交量天量至少应该缩小止损或者是减少仓位。

成交量的天量对应着波段顶部，地量对应着波段底部，是不是天量和地量往往需要结合前后的成交量变化来决定。除了成交量可以作为及时出场的工具，还可以从股价本身的形态变化做出及时的出场决定，这时候往往需要短线炒家对蜡烛线形态有深入的掌握，对于个股常见的顶部形态有切实的理解。请看图 6-16，这是新疆天业的日线走势，假定你在 A 点进场买入，当股价升到 11.79 的时候出现了流星形态，上影线极长，这个信号一般也是阶段顶部形成的标志，于是短线炒家应该立即减仓或者卖出所有仓位。

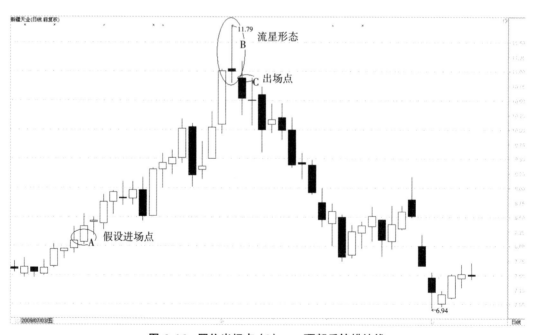

图 6-16　同位出场点（2）——顶部反转蜡烛线

第二种策略是在特定的市况下，技术指标也可以发出及时的出场信号，比如宽幅盘整走势中的震荡指标，如图 6-17 所示。这是哈高科的日线走势，假定短线炒家在 A 点买入，

当震荡指标 KD 从超买区域出来的时候，就是卖出的时候，也就是走势的 C 点，如果你还想进一步提高其及时性，则应该在信号线进入超买区域的时候卖出。震荡指标作为卖出信号，则理论上是可行的，但是实际用起来会导致交易者错过一些利润丰厚的走势，所以一般我们不会将**震荡指标**作为出场工具，而往往作为进场工具，如"斐波那契四度操作法"中的用法。

> 震荡指标是一个局部情绪指标，与趋势无关。

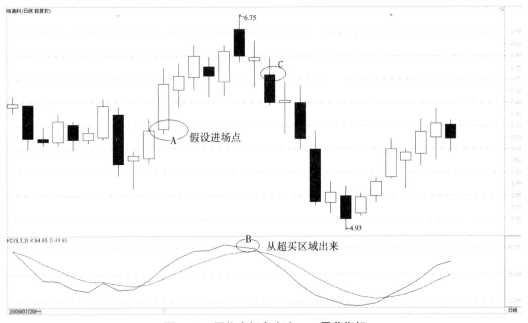

图 6-17　同位出场点（3）——震荡指标

出场是最重要的交易环节，本课主要对这一环节的意识和技能进行强化，让大家明白短线炒卖中 2LOW 法并不是唯一的出场策略，但就我们的经验而言，N 字结构进场和 2LOW 出场确实是股票短线买卖的法宝，它们简单而高效，易于掌握，成绩斐然，**"短线法宝＝N 字结构进场＋2LOW 出场"**，这就是本书的核心公式。

> 这个公式涉及了进场点和出场点，选股呢？选股我们基于什么呢？题材和主力，这是选股的两大命门。

第四节　升华与思考——【结构与周期——赚钱效应】

在股票市场的博弈中，仓位管理除了要考虑个股和板块等结构性因素之外，还需要考虑市场情绪周期或者说赚钱效应。

通过个股在驱动逻辑、心理预期、资金流向和技术走势上的特征确定仓位的"进出加减"则是一个初学阶段的做法，比如基于股票运动的根本结构（N 字结构）确定进场点，具体来讲就是根据"斐波那契四度操作法"确定进场点和出场点。

斐波那契点位、价量形态和震荡指标组合起来确实可以极大地提高你把握进场点和出场点的能力，比如天顺风能这个例子（见图 6-18）。

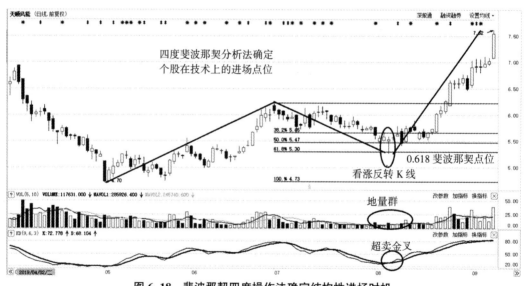

图 6-18　斐波那契四度操作法确定结构性进场时机

但是把握个股的波动结构，甚至注重板块的中枢作用，都不足以让短线投机者显著提高胜算率和回报率。个股是被题材和情绪驱动的，能够涨多高，什么时候涨，不是由技术指标和点位决定的。

或许你看了许多技术分析的书籍，也尝试了估值和题材分析，但始终处于"赚钱—亏钱—赚钱—亏钱……"的循环之中，那是因为你还有一个最为关键的要点没有掌握。

有一张隐形的网笼罩在这个市场上，只有极少数人能够看到，这就是节奏！具体来讲就是情绪周期或者说赚钱效应。

无论是"见位进场"还是"破位进场"，都不涉及整个市场的情绪周期，也就意味着个股点位的有效性要大打折扣。

市场整体是波动的，各个板块是轮动的，即便是热门板块，比如 2019 年末到 2020 年初，股权转让、无线耳机、胎压监测、特斯拉、网红直播、国产芯片和转基因等板块都属于热门板块，而且持续时间不短。

这些板块的轮动存在节奏，这就是赚钱效应或者说市场情绪周期。就算你抓住了市场的主流，但是踏错节奏的话，也是亏损，而且比那些非热门股票亏得更快。题材股的波动率非常高，如果在一致转分歧的节点买入，就会承受大幅的调整。

周期和结构是我们把握个股波动的两个基本维度，绝大多数的书都在讲结构。

什么是股价运动的根本结构呢？

N 字结构！

它体现了市场逻辑的三段论——"肯定—否定—否定之否定"！

它体现了市场共识的变化周期——"一致—分歧——一致"！

它催眠了一切类型的市场参与者，无论是追涨杀跌者还是高抛低吸者，无论是投资者，还是投机者。

什么是股市的基本结构单元呢？

板块！

分析个股，操作个股，不能不看板块效应！

有无领涨股，有无跟风股？

龙一是谁？龙二是谁？

前排个股有哪些？

龙头有没有切换？

……

只有将题材与板块结合起来分析才能把握题材的性质！

持续性的题材和一次性的题材在板块效应上千差万别。

上述关于市场的知识都属于大众了解的"表面知识"。对于投机者而言，克敌制胜的法宝是"情绪周期"或者说"赚钱效应"，这才是极少数智者秘而不宣的"底层逻辑"。

在展开"底层逻辑"之前，我们应该扼要地讲清楚为什么需要掌握赚钱效应或者

说情绪周期？

一言以蔽之，无论是投资者还是投机者都需要考虑到情绪周期。

投资者需要考虑到中长情绪周期带来的估值波动，选择进场或者离场时机。当"市场先生"过度恐慌导致"戴维斯双杀"时，"价廉物美"的标的就出现了，这就是价值投资者耐心等待的大机会。当"市场先生"过度亢奋乐观，导致估值过高时，价值投资者就会选择减仓或者离场。即便是那些专注于成长性投资的价值投资者也需要利用市场情绪低迷的时机进场，提高回报率和安全系数。

投机者更需要考虑到中短情绪周期带来的估值波动，选择进场或者离场时机。被冷门股和板块套住，不温不火，是投机者的大忌。因此，需要在情绪引爆点进场，不能早了，投机者除非有极大的把握，否则不会埋伏。因为"伏击"不在投机者词典里面，"狙击"才是他们的口头禅。也不能晚了，短线行情来得快，退得也快。

不少股票投机者在精通许多分析手段后，虽然能够阶段性盈利，但最终逃脱不了"均值回归"的自然法则。只有其中极少数人能够从市场周期的"天罗地网"中醒悟过来，摆脱"轮回"！

那么，如何掌握情绪周期（赚钱效应）呢？

市场上流行许多方法，最常见的方法是分析涨停相关的数据，比如"涨跌停板数""炸板率"等，可以参考选股宝的相关数据（见图 6-19），进入该网站后点击"盯盘"栏目。

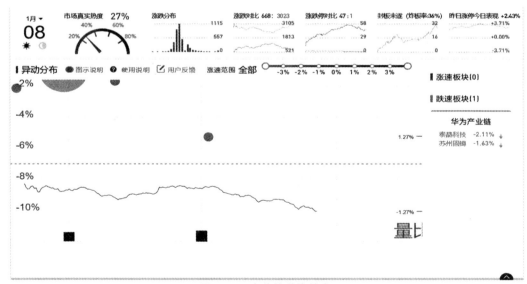

图 6-19 当前的赚钱效应

数据来源：选股宝。

这种方法等同于"一直盯着后视镜开车的人"，可以确认当前的市场情绪和赚钱效应，但是对于预判帮助不大。有许多财经网站和公众号在进行这方面的统计，一抓一大把。

我们常用的有一定预判价值的方法，分别是：昨日涨停指数与冰点、涨跌家数、指数地量、空间龙头和热点板块龙头风向标等。

最实用，最容易入手的还是"昨日涨停指数与冰点"。

做题材投机的初学者从一开始就要关注"昨日涨停指数"，许多行情软件都有这个指数，比如东方财富通和通达信等。这个办法比较机械，顶级高手最后可能放弃这个工具，但是初学者却很容易上手。不管你怎么做一些热门个股，无论是低吸、半路还是打板，最稳妥的时机是在"昨日涨停指数"处于"冰点"时。

什么是"冰点"？"昨日涨停指数"跌至 5 日均线时（见图 6-20）。这个方法很机械，但是你容易上手，否则空谈"赚钱效应"和"情绪周期"对你而言毫无意义。

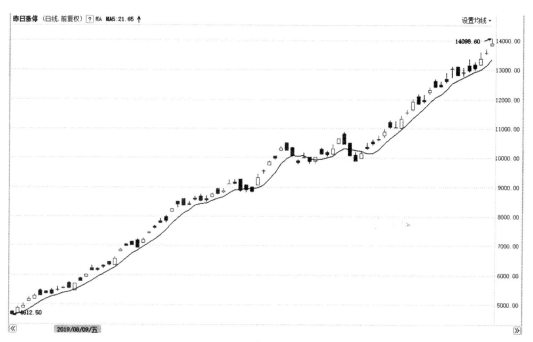

图 6-20　昨日涨停指数与 5 日均线

数据来源：东方财富通。

结构对于大部分资深投机客而言，已经熟稔于心了，周期你又了解多少呢？

结构与周期并重，投机王道也！

观念与技术——交易的二元艺术

很多新股民口头比较重视心态，手上则重视一些技术指标，无论是哪个方面，他们都在错误的道路上行走。对于交易者而言，心态不是最重要的，因为心态本身无所谓对错，在不同的情形下要求不同的心态，况且**心态也只是炒家观念面对具体行情走势和盈亏状态时的反映而已，观念才是根本所在**。技术指标和技术分析也并不是交易技术的全部，也不能代表交易技术本身，交易的技术狭义地讲应该包括行情分析和仓位管理，广义地讲还应该包括心理控制。而心理控制已经触及了观念的问题。不解决观念和技术的二元难题，就不能成为一个成功的股票短线炒家。

> 思路和观念是可以证伪和学习的，心态是很难证伪的。可操作性的东西才有教授的可能，心态的可操作性比思路差很多。"性格和心态决定成败"这种说法没有太多实际意义，"观念和思路决定成败"则具有很强的实际意义。思路比心态更有可操作性！

第一节　炒股就是炒心态吗

股票炒卖需要很好的心态，这句话并没有错，也不能算对，只能算一句不痛不痒的话，无论我们操作顺利还是失败都可以在事后用这句话评价一番，对于实际的操作并无直接的指导。也就是说，空谈心态对于炒股没有可操作性。

观念、心态、技术和行情四者构成了整个交易环境，如图 7-1 所示。观念和心态属于内环境，而行情属于外环境，技术则介于两者之间。通常而言，心态不是一个可以快速塑造的因素，直接针对心态去解决问题，想要直接作用于心态是徒劳的，因为心态是观念和行情交互作用的产物，你要想改变心态就要从行情和观念两者入手。本来短线炒股就是顺应行情，也就是所谓的"顺势而为"，所以能够改变的只剩下观念了。

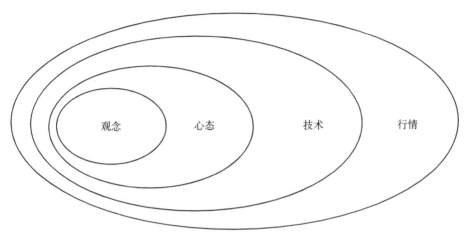

图 7-1　心态在整个交易环境中的地位

炒家的观念属于隐性的，不易被自己所发现，心理状态、情绪的起伏却是很容易为炒家自己所觉察和认识的。但是，心态容易觉察并不意味着可以长期改变，真正重要的还是炒家的观念，**剔除一些错误的观念才能得到一些恰当的心态，而这些心态又是正确理解和掌握某些技术的关键**，特定的技巧是建立在特定的心态之上的，而心态本身是由于观念和行情的相互作用产生的，行情本身不能去改变，所以交易的对象往往不是行情本身，而是你的观念。

抽象和孤立地谈心态对于短线炒家而言是非常有害的，请看图 7-2，这是熊猫烟花的日线走势图，假如你在图中标注价位持有仓位，则股价跌落到此你究竟应该了结头寸，还是继续持仓呢？如果你没有对此有充分的观念准备，则你也无法有一个恰当的心态，自然也就无法用上恰当的技巧了，那么累积的结果必然不利于你的短线操作。

观念这个东西体现在你的一言一行之中，但是你却很难觉察到。你之所以是你，是因为你还未意识到你是你。

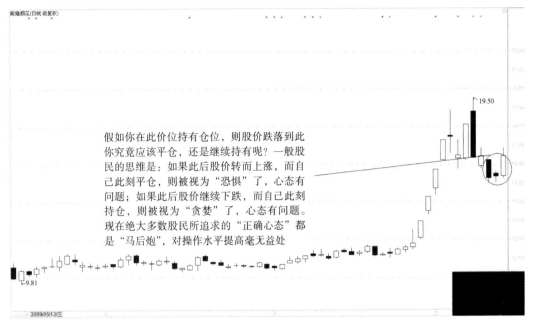

假如你在此价位持有仓位，则股价跌落到此你究竟应该平仓，还是继续持有呢？一般股民的思维是：如果此后股价转而上涨，而自己此刻平仓，则被视为"恐惧"了，心态有问题；如果此后股价继续下跌，而自己此刻持仓，则被视为"贪婪"了，心态有问题。现在绝大多数股民所追求的"正确心态"都是"马后炮"，对操作水平提高毫无益处

图7-2　单纯心态因素对于交易的不可证伪性

单纯地、孤立地谈心态因素对于交易绩效的提高没有任何实际意义，毕竟心态是一个不具有可操作性的因素，是一个不可证伪的命题。要解决心态上的问题，往往需要从两头入手，这就是**观念和技巧**。观念是内在的，而技巧则是外在的。如何建立起恰当的观念，这需要从反复通读本书入手，同时也要重点参考《高抛低吸：股市斐波那契四度操作法》的上篇《无形的心法》，通过反复阅读那些恰当有效的观念，你就可以潜移默化地改造自己的观念，进而发挥自己的才能。同时，你要建立起简单具体的操作技巧规范，这个操作规范必须对短线进场和出场有明确的规定和指示。请看图7-3，这同样是熊猫烟花的日线走势，在图7-3的决策位置处我们根据神奇N字结构盘口操作法的进场分析发现了标志进场条件成熟的股价N字和成交量N字，**于是进场就按条件发生了。从技巧的角度来看，具体的技巧比抽象的心态更为实际，但是如果没有观念上的基础，则正确的技巧很可能为不恰当的心态所排斥，所以观念和技术是非常重要的两个轮子，不可偏废其一。**

科学的观念这个概念在交易技能养成过程中非常重要。什么是科学的交易观念？符合凯利公式、复利公式的观念。

符合客观规律的心态是有利的心态，不符合客观规律的心态是有害的心态。客观规律是客观存在，不是根据小样本的盈亏结果来确定的。

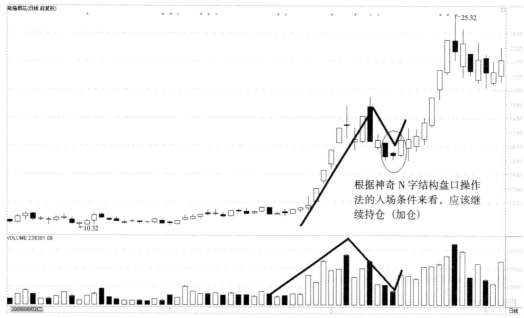

图 7-3　遵守具体的规则比空谈抽象心态更为重要

第二节　观念要正确，技术要完整

持戒的目的在于从行为上剔除观念的影响，这是从行为改变观念的过程，社会心理学中也有这样的途径。还有就是禅定冥想，这是直接针对观念入手。所谓"戒定"，其实与"慧"关系密切。

第一节的内容反驳了为大众熟知的"心态万能论"，让大家认识到观念和技术这对二元要素对于实际操作的价值，如图 7-4 所示。技术属于显性的因素，属于能够迅速见效的东西，属于具体的东西；观念属于隐性的因素，属于效果持久但是见效缓慢的东西，属于抽象的东西。对于技术，大家想必费了十二分的功夫，对于心态也花了不少精力去批判，但是对于观念本身基本没有花太多的时间去反思和改进。抱着这本书读到现在的读者观念上有些起色，但也不见得有大程度的完善。**观念上的东西是很难破除的**，这就注定了绝大多数读者对于本书的内容接受不了，往往按照自己的既有观念去理解，自然就会走向歧路，要么排斥，要么曲解，很难按照 N 字结构盘口操作法的本来面目和要领去接受和运用。

图7-4 短线交易者的正途：掌握观念和技术的二元性

　　如何破解观念和技术的二元性，能够站在"中观"的位置来把握它们，这是任何一个短线交易者都需要思考的问题。观念上我们有几点需要强调的：第一，寻找大众的盲点，大众忽略的而与交易有关的因素往往是超额利润的源泉，这就是我们的盲点即利润原理，简称为"盲利公式"；第二，根据胜算率和风险报酬率来决定仓位，胜算率高则仓位重，胜算率低则仓位轻，报酬率高则仓位重，报酬率低则仓位轻，这就是凯利公式的基本原理，简称为"凯利公式"；第三，坚持高水平回报率地持久投资和加速周转，这就是复利原理，也就是被爱因斯坦和巴菲特尊称为神奇法则的东西，简称为"复利公式"。**如果你围绕这三个公式来重塑你的观念，则你可以超越绝大多数短线炒家。**观念的破和立始终是围绕上述三个公式展开的，希望大家多下些功夫，如果对这三个公式有所疑惑和不解，可以参考《高抛低吸：股市斐波那契四度操作法》上篇《统摄一切财富的两大公式》和参阅《外汇短线交易的24堂精品课：面向高级交易者》。神奇N字结构操作法

三利公式其实包含了最科学的交易观念。

165

受制于这三大公式，你懂了这三大公式，便能正确地使用该短线操作法。

下面我们谈 N 字结构操作法的技术要领，特别是与普遍传播的技术方法之间的共同性。一般而言，当一项技术与很多经典的技术模型和理论相通的话，则其技术的合理性和有效性就更加坚实，当然这里指的是相通，而不是相同，相同的话反而导致该技术的效力降低，因为使用的人越多其效力越低。

艾略特波浪理论的典型结构是 5-3 结构，推动性质的浪由五浪组成，调整性质的浪由三浪组成，当然调整性质的浪还有更为复杂的情况，我们这里就省略了。请看图 7-5，推动性质的浪比较容易交易，其风险报酬率较合理，市场噪声波动较少，所以胜率较高，不容易误打止损。神奇 N 字结构盘口操作法在介入一段上涨走势时，一般会介入艾略特波浪的三浪，也就是一般所谓的**主升浪走势**，而出场位置一般在四浪附近。N 字结构盘口操作法提供了一种从成交量和价格的角度确认主升浪的方法，也提供了把握主升浪末段涨停板的机会。

> 龙头股的主升浪非常显著，抓住龙头股不容易，但是从题材和 N 字结构出发，还是能够有所斩获。

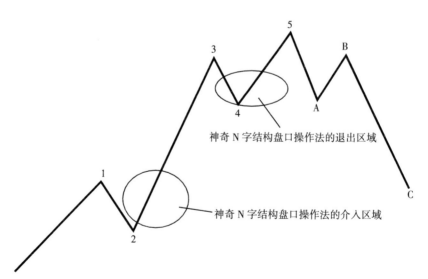

从艾略特波浪模型的角度审视"神奇 N 字结构盘口操作法"的技术架构

图 7-5　N 字结构盘口操作法与艾略特理论的技术性联系

N字结构盘口操作法中的N字结构模型体现了宇宙三段论发展模式，两段推动走势中间一段调整走势，两段推动走势的价格幅度经常遵循斐波那契关系，而且以1倍关系居多，如图7-6所示。日内股指期货交易大师安杰尔发现日内股指走势经常存在AB=A′B′段的规律，这其实就是**斐波那契1倍延伸**现象。除了价格幅度上的1倍延伸，有时候两段走势的时间上也存在1倍延伸，也就是两段走势所用的时间相当。这种1倍延伸关系也从侧面体现出了N字结构的普遍存在。

斐波那契1倍延伸又被称为斐波那契1倍投射，事后看这样的走势很多，但是预判几乎不可能。只能等待价量形态告诉你这个点位成为顶部的可能性有多大。

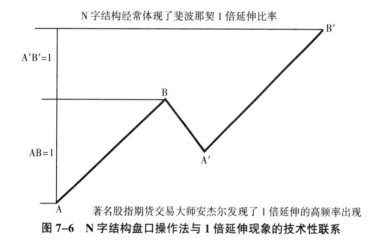

N字结构经常体现了斐波那契1倍延伸比率

A′B′=1

AB=1

著名股指期货交易大师安杰尔发现了1倍延伸的高频率出现

图7-6 N字结构盘口操作法与1倍延伸现象的技术性联系

无论是从艾略特波浪理论角度，还是从斐波那契时空比率的角度，我们都可以发现N字结构盘口操作法的合理技术内核，这种内核的合理性来源于普遍存在于宇宙间的秩序以及普遍存在于金融市场中的结构。只有你沿着寻找根源性力量和秩序的道路不断探索前行，才能在股票短线交易的绩效上有质的发展。

第三节 没有一个大赢家不止损

这本专门介绍N字结构盘口操作法的小册子共有8课，

前面 7 课都是介绍一些操作理论的，而最后 1 课则是演示一些操作实例的。在结束操作理论之前，我们还需要花重点的笔墨来展开和强调关于止损的问题。

止损对于很多股民来讲都是嘴上可以谈，实际操作上绝对不这样去做，也就是说止损仅限于"坐而论道"，不属于实际执行的范畴。为什么这么多的股民在实际操作的时候不止损，原因无非两个：第一，不少浮动亏损的单子最终都能打平，甚至还能扭亏为盈，止损了就没有这个机会了；第二，止损经常将一些本来可能盈利的单子提前出场，**因为市场可能触及了这些止损之后快速上涨，结果看对了趋势仍旧赚不到钱，更为可气的是还亏了钱**。其实，不止损违背了以下基本事实：市场的发展都有走大单边走势的时候，如果不止损，做错一次则前功尽弃，即使很久之后股价重新回来，你也因为利率和通胀而损失了不少时间价值。请看图 7-7，如果你在 11.84 元附近买入上港集团，而且又没有设定止损，则此后的单边下跌会让你亏损 70% 的本金，如果你再遭遇到股票退市或者其他情况，则你相当于全部的钱都打水漂了。请看图 7-8，如果你在 2001

我们周围的短线高手（超级大户）基本上会以 5% 作为止损点，也就是说股价下跌 5% 作为止损点。在极少的情况下会放宽这个止损比率，那也是因为分仓的缘故，对单只个股亏损比例容忍度提高一点而已。本书的方法也是要尽量分仓操作，单只股票的操作资金不能超过 20%，最大止损不要超过该只股票持仓金额的 8%。

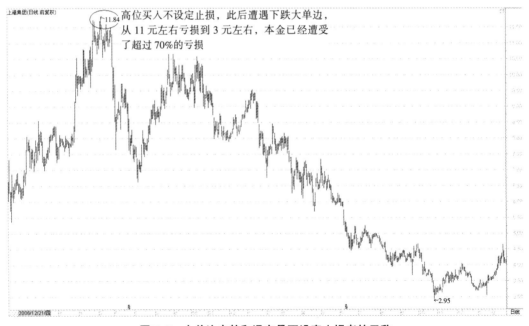

高位买入不设定止损，此后遭遇下跌大单边，从 11 元左右亏损到 3 元左右，本金已经遭受了超过 70% 的亏损

图 7-7　大单边走势和退市是不设定止损者的天敌

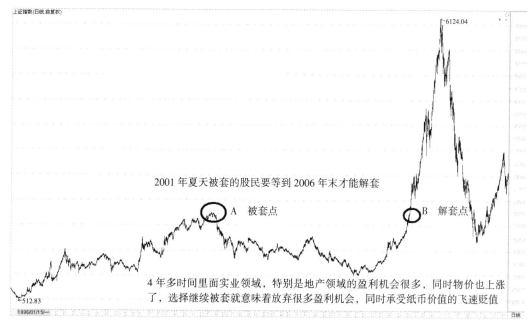

上证指数(日线,前复权)

6124.04

2001年夏天被套的股民要等到2006年末才能解套

A　被套点

B　解套点

4年多时间里面实业领域,特别是地产领域的盈利机会很多,同时物价也上涨了,选择继续被套就意味着放弃很多盈利机会,同时承受纸币价值的飞速贬值

512.83

1996/01/15一

日线

图7-8　不止损面临极大的机会成本

年夏天介入A股市场,而且不止损,任由头寸发展,则你可能要等到2006年末才能解套,这几年你失去了多少赚钱的机会,因为你的资金被套住了,你做了房地产投资,做不了IT等,同时这几年的物价上涨幅度很大,虽然几年后账面价值不变,但是你的钱已经买不到当初等面值的实物了,而且你也损失了最低的存款收入。

止损与后位出场点关系密切,大家可以回过头去琢磨一下。短线大师很多,成功的短线大师很少,但是成功的短线大师都有一个共同的特征,这就是严格止损,合理止损,真正赚到钱,持续赚到钱的短线大师国外的也就是拉瑞·威廉姆斯、马丁·舒华茨、理查德·丹尼斯等,我认识的真正赚到大钱的短线高手,比如咏飞(别名)等,也都是止损下手快的人。在止损问题上,大家一定要注意两个要求:第一个要求是必要性;第二个要求是合理性。

止损的合理性要求止损具有一定的科学性。通常而言,止损的设置需要考虑到四个关键因素。

第一个因素是技术上临界点,具体而言就是支撑阻力位置。当我们买入的时候,止损应该放在支撑位置的下方。为什么买入的时候止损应该放在支撑位置的下方呢?这是因为支撑位置是一个临界点,当股票价格在支撑位置之上运动时,其继续向上运动的概率和幅度都会更大,而当股票价格跌破支撑位置时,则其反转向下运动的概率和幅度都会更大。当然,基本面因素也有临界点,也可以进行上述类比,但是理解起来比较困难，所以这里就不再深入下去。

第二个因素是过滤市场噪声，一般是通过布林带和 ATR（平均真实波幅）指标来过滤。设置止损的时候要避免被那些非真实的临界点突破所欺骗，布林带和 ATR 可以过滤大部分这样的市场噪声，或者说假突破。通常而言，当进行做多交易时，止损放在布林线下轨之下。对于 ATR 的运用我们就不再介绍了，大家参看相关书籍。

第三个因素是资金管理要求，具体而言有两种方法，第一种方法是固定每次动用的资金比率，比如不高于 8%，还有一种是根据凯利公式 $K=[(1+W)R-1]/W$，其中 W 是胜率，R 是风险回报率，K 是承受风险的资金比率。我们推荐使用凯利公式作为资金管理的具体方法。

第四个因素是**时间止损点**，除了基本面和技术面的止损要求外，我们还应该对交易进行持仓时间上的限制，如果在规定的时间内价格没有出现预期方向和幅度的运动则应该退出交易。另外，我们也会对止损点进行回撤幅度角度的规定，一般要求止损幅度不超过前一波段回撤幅度的 50%。

当然，前三个因素是科学止损必须基本的要素，第四个则是可选择的要素。

我们讲完了止损的科学要素，那么现在来讲止损的艺术成分。止损的艺术成分蕴含于科学成分之中，我们现在就分别述及。索罗斯也承认即使所谓的科学也正是因为其具有某种局限才能被当作科学，上述四条止损设置的科学原则本身也有局限性，那就是它们存在一些不确定的因素，而人性可能因为这些不确定部分而犯下主观性过强的错误。

第一，我们来看看阻力位置和支撑位置的寻找。阻力和支撑位置可能是前期价格的高点和低点，也可能是前期成交密集区，当然还可能是**黄金分割率位置，黄金延伸率位置**等，这么多潜在的阻力位置和支撑位置需要我们加以确认，这其中难免夹杂不少主观性的成分，所以虽然我们说做多的时候止损放置在支撑位置之下，但是支撑位置和阻力位置的确认

短线操作热点题材，这就要求不能在一只股票上套太久，那种不温不火的走势不适合短线客。

广义的黄金比率就是斐波那契比率。

却存在极大的主观性。要提高我们准确研读支撑阻力位置的能力需要借助于长年累月的实践，而这无疑是止损设置具有艺术性的一面。

第二，我们来看看布林带的运用。通常而言，布林带可以将市场的噪声运动筛选出来，但是很多时候一些噪声运动仍旧突破布林带，也就是说布林带对假信号的过滤也存在局限。要弥补这一不足之处就需要结合 K 线进行，而这就是涉及止损的艺术，而不是科学。

第三，在我们运用凯利公式 $K = [(1+W) R - 1] / W$ 进行资金管理的时候，我们需要输入两个变量值，一个是胜率 W 的值，另一个是风险报酬率 R 的值。胜率 W 的值可以根据历史数据得出，但是这并不表明当下和未来的交易具有同样的胜率，因为市场结构在不断变化，而这会影响到历史数据的有效性，对于风险回报率而言也存在同样的问题。

索罗斯将价值投资以短线投机的形式展示给了世人，这使得很多人都错误地认为索罗斯是一个非价值投资者，其实这是一个非常错误的认识。凯利公式运用的集大成者——索普与青年巴菲特有过一次桥牌对局，索普认为巴菲特是这个世界上少数几个能够在金融市场上熟练运用凯利公式的投资者。那么，什么是凯利公式呢？索罗斯与之又有什么关系呢？所谓的凯利公式是指 $K = [(1+W) R - 1] / W$，其中的 K 代表此次交易动用的资金比率，而 R 则是此次交易的风险回报率，W 则是此次交易的胜率。无论是巴菲特这样的长期投资者，还是索罗斯这样的短期投资者，在运用凯利公式上都是一流的高手。索罗斯认为任何一次投资下注都涉及取胜概率和风险回报率两个方面，如果忽视其中的一个因素，连续几次交易之后必然犯下不可挽回的错误。

只有趋近于凯利公式的资金管理策略才能保证金融交易者在市场中站稳脚跟，长期生存。可以这样说：**凯利公式首先是一个生存法则，其次才是一个盈利法则**，当然生存和盈利在金融市场中是两位一体的。当你重视生存时，利润自然

题材是最大的基础，在这个基础上我们探讨进场点和出场点。N 字结构和 2LOW 是我们给出的短线进场点和出场点工具。这两个工具受到凯利公式的控制。

来到你的身边，但是当你只追求利润时，则死亡已经离你不远了。

索罗斯相当重视报酬率问题，他之所以选择在临界点正是因为这个原因。报酬率是风险和报酬的比率，也就是说以多大的风险去追求多大的潜在利润。在临界处，市场继续向前运动的幅度很小，但是回归运动的幅度很大，所以在临界点反向操作的风险较小，但是潜在利润却很大。在凯利公式中，风险报酬率还不是唯一的资金分配决定要素，胜率也很重要，索罗斯在临界点交易的另外一个原因是可以因此获得一个较高的胜率。比如市场先前的走势向下，现在位于临界点处，继续向下的概率小于反转向上的概率，因此做多的胜率高于做空的胜率。

通过临界点，索罗斯可以获得较高的报酬率和胜率，这样就可以动用较大份额的资金介入一项交易中。但是更多的交易者却在趋势继续向上的时候做空，在趋势继续向下的时候做多，或者是在临界点处跟随先前的趋势做交易，这样的交易只能带来较低的胜率和报酬率，但是这些交易者却没有相应地降低动用资金份额，其最终结果当然是很快就在市场中破产了。

索罗斯很早就认识到动用资金份额应该随着当下交易的胜率和报酬率而相应变化，只有在胜率高和报酬率高的时候动用更多资金，在胜率低和报酬率低的时候动用更少资金才能够在市场中长期生存下来，利润自然也就随之而来了

止损设定的合理性可以从表 7-1 中得到满意的回答。神奇 N 字结构盘口操作法的出场策略其实吸收了表 7-1 中的要点，但是并不拘泥于此，毕竟股票市场的日间走势本身已经体现出了一些特殊性，日线上的最低点本身已经成了关键水平，本身就能够过滤一些市场的噪声波动，本身就能够满足资金管理比率的要求，本身也能给予股价一定的发展空间，所以日线的最低价，特别是最近两日最低价在止损合理设置上具有非常好的可靠性和简洁性。

表 7-1　合理设定止损点的要点

止损点设定的四个要点	
第一个要点	关键水平外侧（做空止损放置在阻力线之上，做多止损放置在支撑线之下）
第二个要点	布林带异侧外（做空止损放置在布林带上轨之上；做多止损放置在布林带下轨之下）
第三个要点	符合资金管理比率要求（一般是 2%~8%）
第四个要点	给予市场一定的回旋空间（一般是允许行情回撤不超过前一波段的 1/2）

第四节 升华与思考——【N 字涨停板】

N 字结构（见图 7-9）是股价波动的根本结构，也是《短线法宝》一书的核心。股价向上波动的根本结构是向上 N 字，呈现出三段式的特征——"上涨—回调—上涨"。通常而言，两段上涨是放量的，而回调是缩量的，在回调中出现地量时往往就是新一轮上涨开始的号角吹响了。

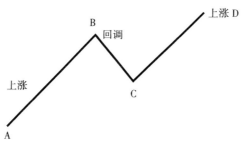

图 7-9 上涨 N 字结构

从科林电气这个例子可以看出，回调的低点与成交量的阶段性低点是对应的（见图 7-10)，当然实际走势中可能存在一两日的偏差，但大多数是这样的情况。回调的幅

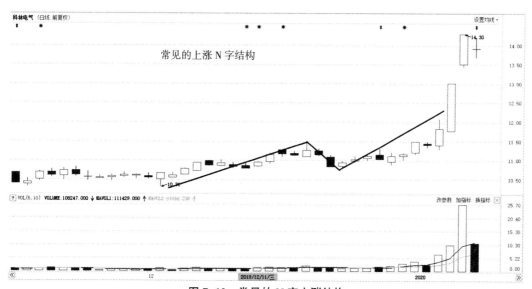

图 7-10 常见的 N 字上涨结构

度则往往在 0.382~0.618，这就涉及斐波那契点位了。因此，要把握 N 字结构的定量化和精细化的特征，则需要借助斐波那契四度定位系统，这是我们在《高抛低吸》一书中提出的核心框架。

那么，从这个回调低点上涨后的走势技术特征能够预判吗？有点经验的交易者都会发现这个很难。新一轮上涨的持续时间和幅度则取决于基本面和心理面的驱动强度有多大。因此，在 N 字结构和斐波那契四度操作法的基础上，我们还需要考虑题材这一灵魂因素，这样才能大致推断出潜在上涨空间。

题材的性质决定了空间的高度，妖股看起来是例外，其实也是暗合的。

大政策比小政策的驱动力更强大，更持久。

新题材比旧题材的驱动力更强大，更持久。

这里留一个问题给大家，是否搞清楚上述三方面因素就能在股票短线投机中游刃有余了呢？

事实上，大多数人都停留在形态和指标的层面，对于题材或许还有一点认识，但是对于情绪周期，对于板块效应，对于赚钱效应，一无所知。

本书我们会重点讲形态，讲结构，但是周期的东西必须融入进来，否则效果也会大打折扣。

回到正题，N 字涨停板结构是 N 字上涨结构的特殊情况。第一波上涨的最后一根 K 线是涨停，接着是回调，然后第二波上涨初始阶段也是一根涨停线，基本要求是创出这轮上涨的新高。两波上涨之间存在回调，狭义的 N 字涨停板就是两根涨停阳线夹着一根阴线，比如漫步者这个例子（见图 7-11）。

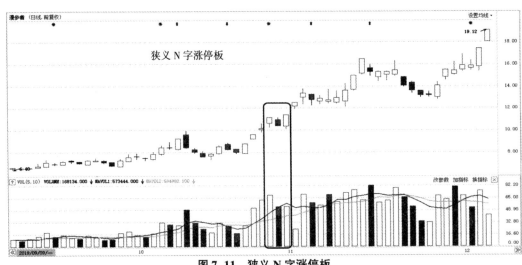

图 7-11　狭义 N 字涨停板

N字涨停板，又被称为接力双涨停板，中间的回调最好是一个交易日，也可以是五个交易日以内，更加宽泛的可以是十个交易日以内。总的原则是"回调天数越少，回调幅度越小，后期越看好"。

最好的回调是缩量的，当然如果其他条件较好，也可以放宽这一点，比如题材生命力和影响力强大。回调有助于良性换手，提高大多数玩家的平均持仓成本，减少进一步上涨的抛压。回调的原因很多，大盘不好，技术性超买/短线获利盘兑现等。

当然，你可以从市场博弈的角度，从主力操纵的角度来解读N字涨停板，比如中间的回调是洗盘，是试盘，这些都很难证伪。多年的交易实践告诉我们，现在的飙升股往往是市场合力的结果，结构、逻辑和周期共振的良性结果。莽庄时代一去不复返，这是一个大背景，不明白这一点还停留在"庄家"这个概念里面是要吃大亏的。为什么你一买就跌，一卖就涨，因为你陷入了市场情绪的周期里面，你被催眠了，而不是庄家盯上你了。

一句话，现在的市场，我们不要有过多的"被害妄想症"。结构，学过一点技术的人都不会差太多；逻辑，许多人还没有下功夫；周期，99.999%的人还未意识到其重要性。

N字涨停板的结构我们大概搞清楚了，那么如何进一步筛选出胜算率和回报率较高的结构呢？哪些因素可以加持N字涨停板的效力呢？

第一，调整时间越短越好，优选回调一个交易日的N字涨停板。调整的最低点没有跌破前一涨停的最低点。

第二，回调最好是缩量下跌，而不是放量大跌。

第三，换手板好于一字板。两个涨停板带量是非常重要的特征。换手如地基，这是做妖股和龙头非常重要的理念。

第四，情绪冰点或者指数地量当日出现的N字涨停板更优。

第五，N字涨停板最好在本轮上涨30%幅度以内出现。

第六，要有题材股，特别是大政策、大科技和全新故事等题材。

第七，次新股优先。

第八，强势股上行一段时间后出现了N字涨停板。

第九，板块有表现，而不是单独涨停。

第十，股价在60日均线之上运行。

第十一，以N字涨停板突破前期密集整理区域。

第十二，第二个涨停比第一个涨停价位要高，同时超过了调整期间最高点。

第十三，最近三个月内涨停频繁的个股优选，这意味着股性活跃，容易受到资金关注，后续活跃的可能性较大。当然，最终决定个股活跃程度的还是驱动逻辑。

接下来，我们谈一下 N 字涨停板的买点。

第一个买点是一个预判买点，也就是回调买点，属于"埋伏战法"。当第一根涨停线出现时，价格开始回调，回调最好在 5 个交易日以内，并未跌破第一根 K 线开盘价，当地量出现时就是技术上的介入点。这个买点其实在 N 字板初具雏形之前就动手了，**如果要提高成功率就必须结合题材生命力和影响力来分析**。一次性利好引发的涨停，是最容易有人上当的情况，这个时候就不是回调了，而是回落，甚至持续下跌。

第二个买点是回调结束后，价格早盘放量上涨 5% 左右时买入，这属于"半路战法"。**这类操作要注意结合当天的市场和板块氛围内操作，赚钱效应好那么就容易成功。**

第三个买点是在快要涨停封板的时候追买，这属于"打板战法"。打板的要求要高很多，题材的逻辑要够强，赚钱效应和市场情绪处于向好阶段，技术和筹码结构处于有利态势。

"打板战法"不断演化，但是关键在于"赚钱效应"两字，要通达其中的奥秘需要大量的实践和思考，但心髓我已经透露了：**逻辑、周期和结构。**

逻辑就是题材，就是竞争优势，就是估值；

周期就是赚钱效应、板块效应和轮动、市场情绪；

结构就是价量特征、斐波那契点位、筹码结构、席位和 L2。

会点 K 线形态和技术指标，也就是懂了点粗浅的结构知识，但是离登堂入室还有十万八千里的距离。会基本面分析，在逻辑上的功底就比较扎实了，但是还缺关键一环，这一环没有几个人愿意跟你讲。

可以参考我们未来即将出版的《题材投机（2）：对手盘思维——赚钱效应与市场情绪的妙用》一书。

进场后初始止损放在哪里呢？什么时候兑现利润呢？

第二根阳线可以作为初始止损放置点，如果是跳空上涨，则开盘价作为初始止损点；如果是低开或者平开，则将整个实体的 1/2 处作为初始止损点。

盈利 10% 后，可以半仓离场，然后**等天量阴线全部离场**。上涨过程中，若出现涨停则以涨停日的最低点为跟进止损点。

言简意赅！为什么要这样操作，多想想背后的原理。

提示一点：天量阴线代表一致重新转分歧，再度分歧往往意味着市场需要大幅调

整，阶段性上涨结束的概率很大。

天量阴线是谁在卖出筹码，谁在买入筹码，继续接力的概率有多大，高位换手的性质如何去分析？

动手，又动脑，才能有进步。

第八课

神奇 N 字结构盘口操作法实战示范

从第一课到第七课我们将神奇 N 字结构盘口操作法的整个体系都介绍清楚了，在本课我们要进一步演示其实际的操作过程，无论是在牛市还是在熊市，你都可以运用本书传授的技巧，如果能够与"斐波那契四度操作法"结合起来使用则更好。**N 字结构操作法不像市面上大多数炒股书籍介绍的技术那样具有"牛市前提"，说白了就是这些炒股书籍介绍的技术只能在牛市中有效**，更进一步说就是牛市中用不用这些技术都一样能够赚钱，两者不具有高度相关性。好了，废话不多说，自我溢美之词就省略了，希望大家每日收盘之后，吃过晚饭，休息一下，喝点果汁，坐在电脑前打开股票软件，界面设置只剩下股价和成交量，然后注意翻看千只 A 股，找到 3~5 只最符合神奇 N 字结构进场机会的股票，然后平分资金买入，此后就按照 2LOW 出场规则逐日查看，直到平仓为止。这个方法简单，但确实有效，但是大家最好不要张扬，**不张扬才能成功**，也才能保证方法的高效性。这个方法本身符合了市场的根本结构，所以即使传播也不会损害其根本特点，只是会加重市场走势的非复杂性，策略也就必然要求进一步地复杂化了。

题材强势股必然表现出 N 字结构，而熊市中的个股或者是牛市中的弱势股则很难出现 N 字结构。

梦想一旦广为人知，必然遭受逆缘。

第一节　实战范例 1——联美控股

第一个实战范例是联美控股，首先打开股软，剔除边栏，只留下两个窗口，主窗口是股价的 K 线走势，副窗口是没有均线叠加的纯成交量走势。我们首先寻找那些近期 K 线走势刚好完成 N 字结构调整的个股，此例中是联美控股，请看图 8-1。股价在近期有一段显著的上涨，然后出现了显著的回调，回调低点出现了止跌的早晨之星形态，被标示出来的调整末期低点高于上涨起点，于是股价的 N 字结构被确认了，接下来查看对应的成交量走势是否具有 N 字结构。

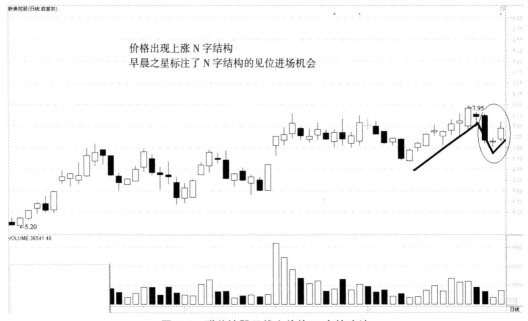

图 8-1　联美控股日线上价格 N 字的确认

请看图 8-2，这是联美控股对应的成交量走势，股价上扬的时候，成交量跟着放大，当股价达到波段高点 7.95 元的时候，成交量也在附近出现了峰值。紧接着股价下跌，对应的

窒息量出现了，时机来了。择时，怎么择？窒息量是一个很好的择时指标。

成交量也逐步缩小。在股价调整末段处，K 线呈现出了早晨之星，而对应的成交量则**由地量再度放量**，这表明对应的成交量也开始出现了 N 字结构，于是进场机会被确认了，那么我们就准备在次日开盘时买入了，仓位的问题最好是分仓，平分到当日同时选出的 3~5 只最优 N 字结构个股上。

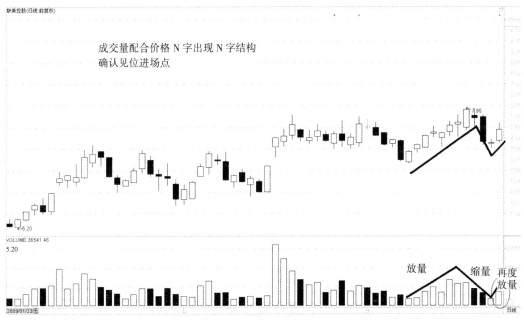

成交量配合价格 N 字出现 N 字结构
确认见位进场点

放量　缩量　再度放量

图 8-2　联美控股日线上成交量 N 字的确认

当我们在股价走势和成交量走势上确认了 N 字调整末期出现时，则较为激进的进场就可以展开了，这里我们主要以调整末期进场为主，也就是见位进场为主，这类进场最好采用在股价前期已经至少有一个完整 N 字的情况，当然你可以作更为激进的采用，当你在首个未完成的 N 字，也就是未创新高的 N 字上进场时，最好看看**大盘指数的走势**。

当我们找准入场机会之后，则在次日开盘买入，如图 8-3 所示。买入当日收盘时，我们找出当日和前一日的最低价，以此最低价设定止损参考点，当股价跌破此参考点幅度达到 0.1 元时卖出，开盘买入不久出现了上冲，此后震荡走势，最终以小阳线收盘，整天走势高于前一日，所以 2LOW 止损参考点设定在前日的最低价位处。

一些 N 字向上突破之后出现失败，有两个重要的原因：第一个原因是大盘差，第二个原因是个股没有什么题材和业绩。

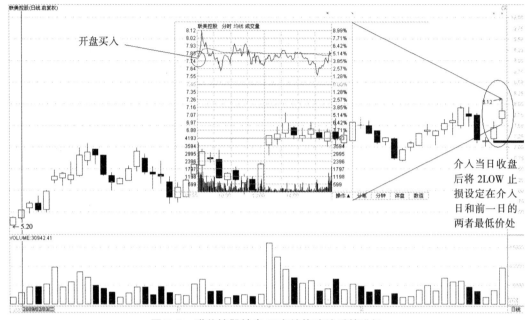

图 8-3　联美控股神奇 N 字结构确认后的进场

　　进场之后的第二日，如图 8-4 所示，2LOW 止损不变，注意这是特殊处理，因为介入当日设定的 2LOW 止损在进场第二日后仍旧有效。当日开盘之后，分时走势以 N字逐步上攻，最高达到 8.35 元，全天并未触及 2LOW 止损点，于是继续持仓。

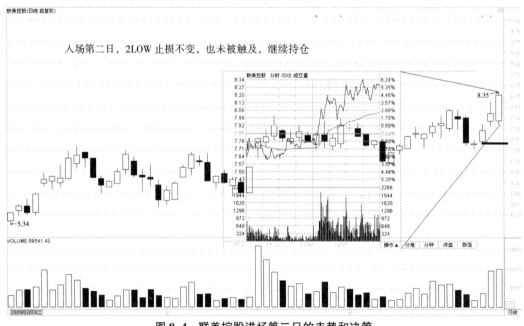

图 8-4　联美控股进场第二日的走势和决策

进场后第三日，如图 8-5 所示，开盘时将 2LOW 止损移动到前两天的最低价处，也就是图中的水平线 2 处。开盘后股价**低开高走**，盘中震荡剧烈，但是并未跌破水平线 2 处的 2LOW 止损点，于是继续持仓。

低开是为了吸收隔夜消息的冲击，或者是大盘弱势的冲击，又或者是主力为了洗盘。

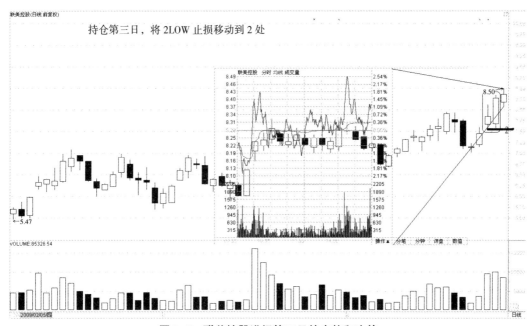

图 8-5　联美控股进场第三日的走势和决策

买入联美控股的第四日，请看图 8-6，开盘时将 2LOW 止损参考点移动到图中水平线 3 处，股价平开低走，但是下跌幅度并不大，波动范围与前一交易日相同，整个交易日并未跌破水平线 3 处的 2LOW 止损点。

进场后的第五日开盘时，2LOW 止损移动到水平线 4 处，如图 8-7 所示，也就是前两日的最低价处，盘中股价走势微幅震荡，接近收盘的时候大幅拉高，整天走势都未触及 2LOW 止损参考点，盘中创出**新高** 8.78，突破了两日的盘整区间，我们继续持仓。

价格新高与新题材往往有密切关系。新题材，新区间，这个要搞清楚。

进场后第六日，开盘时将 2LOW 止损点移动到水平线 5 处，本交易日股价高开低走，但是并未大幅度下跌，并未触及水平线 5 处的 2LOW 止损参考点，如图 8-8 所示。

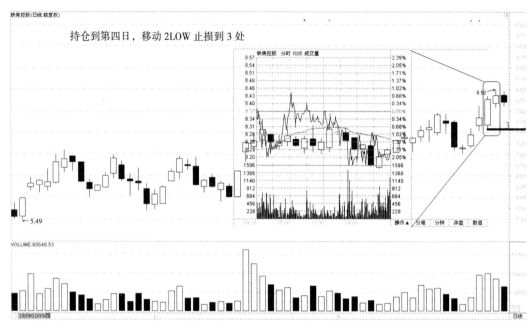

图 8-6　联美控股进场第四日的走势和决策

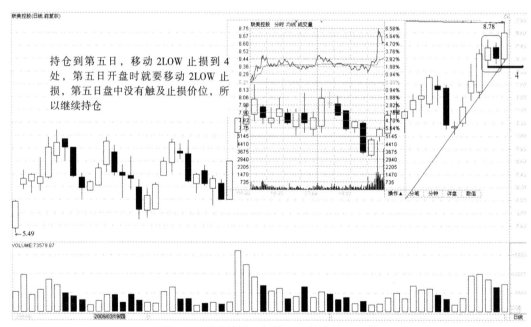

图 8-7　联美控股进场第五日的走势和决策

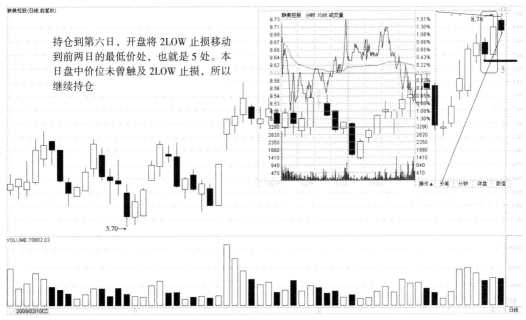

持仓到第六日，开盘将 2LOW 止损移动到前两日的最低价处，也就是 5 处。本日盘中价位未曾触及 2LOW 止损，所以继续持仓

图 8-8 联美控股进场第六日的走势和决策

买入联美控股的第七日，开盘时将 2LOW 止损移动到前两日的最低点，也就是图 8-9 的水平线 6 处，整个交易日走势相当惊险，开盘后不久股价即放量下跌，但是并未触及 2LOW 止损点，于是继续持仓。

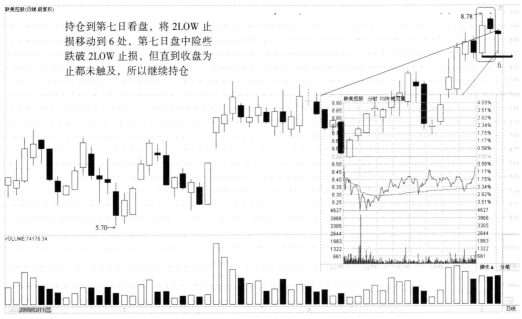

持仓到第七日看盘，将 2LOW 止损移动到 6 处，第七日盘中险些跌破 2LOW 止损，但直到收盘为止都未触及，所以继续持仓

图 8-9 联美控股进场第七日的走势和决策

持仓到第八日，如图 8-10 所示。开盘时将止损点移动到前两日的最低价位处，也就是图中的水平线 7 处。本交易的盘中价格触及了 2LOW 点的价位 8.19，但是并未跌破，也就是说并未跌至 8.09 处，于是继续持仓。

两日内的低点容易成为天然的支撑点。

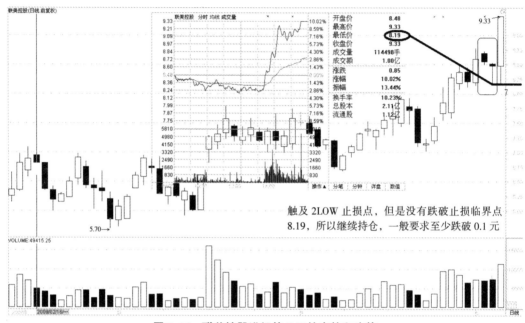

图 8-10　联美控股进场第八日的走势和决策

持有联美控股到第九个交易日，请看图 8-11。开盘时对 2LOW 止损点进行重新计算，前两日的最低价位仍旧位于 8.19 附近，于是水平线 7 不变。本交易日，联美控股的股价并未跌破 2LOW 止损点，于是继续持仓。

进场后的第十个交易日，如图 8-12 所示，开盘时重新计算 2LOW 止损点，位置不变，仍旧位于水平线 7 处。本日走势低开高走，盘中一度达到 10.60 元，最终回落到 10 元附近。本日走势远离 2LOW 点，所以继续持仓。

进场后的第十一个交易日开盘时，重新计算 2LOW 点，将其移动到水平线 8 处。本交易日，股价都在前一日的范围之内波动，**形成典型的"内含日"**。盘中股价跌破了前一日的最低点，但是没有触及水平线 8，于是继续持仓，如图 8-13 所示。

"内含日"意味着波动率下降了，波动率下降意味着蓄势。

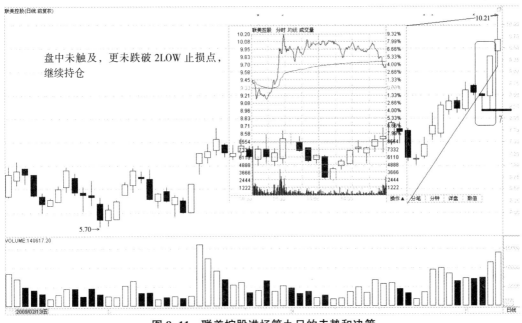

图 8-11　联美控股进场第九日的走势和决策

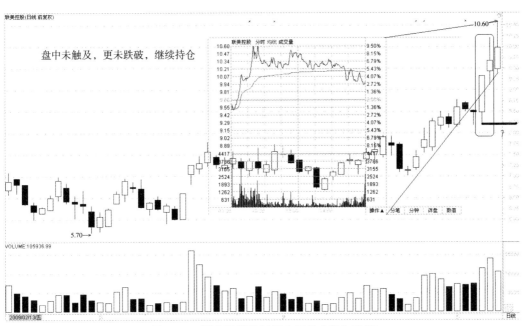

图 8-12　联美控股进场第十日的走势和决策

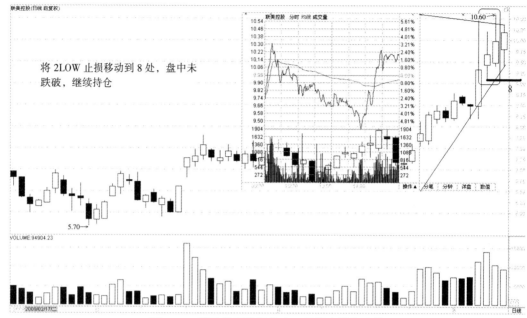

将 2LOW 止损移动到 8 处，盘中未跌破，继续持仓

图 8-13　联美控股进场第十一日的走势和决策

进场后的第十二个交易日，重新计算 2LOW 止损点，移动到前两日的最低点，也就是图 8-14 中的水平线 9 处。本交易日股价的波幅继续缩小，再次形成一个**内含日**，收敛之象非常明显。整个交易日并未跌破 2LOW 止损点，于是继续

成交量缩到极致我们称之为"窒息量"，这是变盘点。而价格波动率缩小到极致与此类似，也是变盘点。

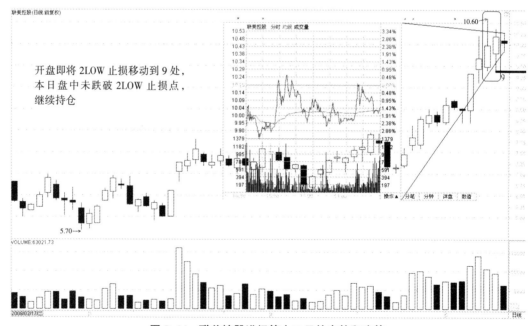

开盘即将 2LOW 止损移动到 9 处，本日盘中未跌破 2LOW 止损点，继续持仓

图 8-14　联美控股进场第十二日的走势和决策

持仓。

进场后的第十三个交易日，如图 8-15 所示，开盘时重新计算 2LOW 止损点，维持在 9 处不变（此处标注为 10 处），盘中股价并未跌破止损点，于是继续持仓。

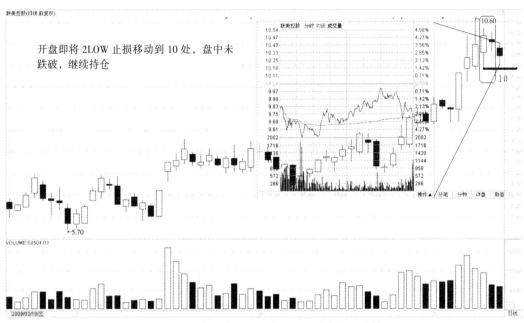

图 8-15　联美控股进场第十三日的走势和决策

进场后的第十四个交易日开盘，如图 8-16 所示。将 2LOW 止损移动到前两个交易日的最低价处，也就是水平线 11 处，股价低开高走，盘中并未跌破 2LOW 止损点，于是继续持仓。

第十五个交易日开盘时对 2LOW 点进行重新计算，维持不变，也就是说图 8-17 中的水平线 12 与图 8-16 中的水平线 11 是一条线。本交易日股价低开高走，**小幅上扬，开盘后不久有一次下跌**，但是并未触及水平线 12，于是继续持仓。

买入联美控股的第十六个交易日开盘，2LOW 止损移动到水平线 13 处，如图 8-18 所示，盘中一度上试波段高点，但是未能成功创出新高，盘中低点远离 2LOW 止损点，于是继续持仓。

最好叠加大盘分时线，这样可以观察个股的相对强弱。

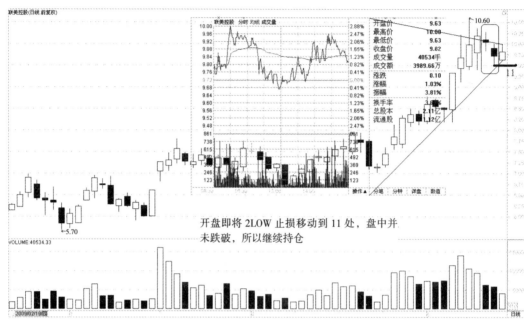

开盘即将 2LOW 止损移动到 11 处，盘中并
未跌破，所以继续持仓

图 8-16 联美控股进场第十四日的走势和决策

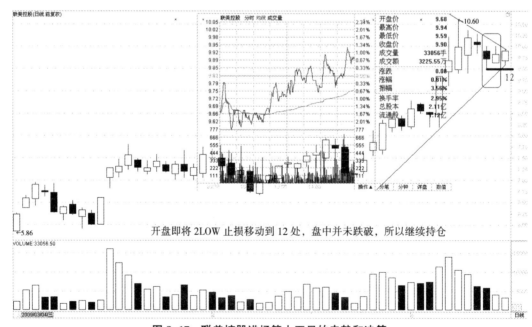

开盘即将 2LOW 止损移动到 12 处，盘中并未跌破，所以继续持仓

图 8-17 联美控股进场第十五日的走势和决策

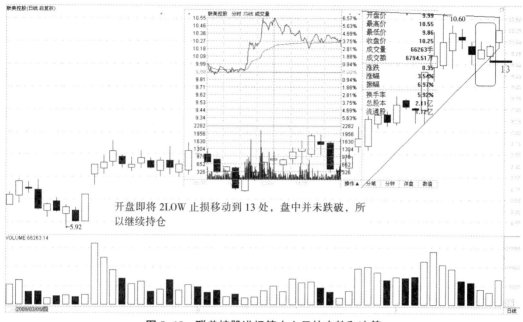

开盘即将 2LOW 止损移动到 13 处，盘中并未跌破，所以继续持仓

图 8-18　联美控股进场第十六日的走势和决策

买入联美控股后第十七日，维持 2LOW 止损不变，如图 8-19 所示，盘中并未跌破该止损，于是继续持有。

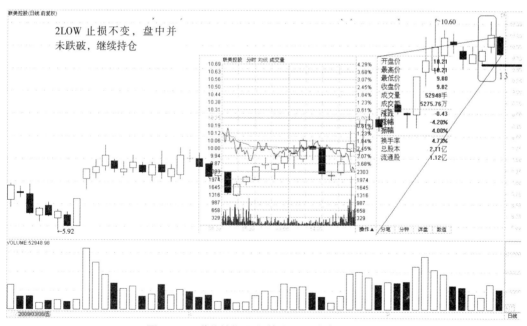

2LOW 止损不变，盘中并未跌破，继续持仓

图 8-19　联美控股进场第十七日的走势和决策

一个月能获得 20% 的利润，复利下来一年都 8 倍了，这是非常"传奇"的短线交易了。一般利润很难这么高，除非大牛市。

持仓到第十八个交易日开盘，2LOW 止损移动到水平线 14 处，如图 8-20 所示，本交易日开盘后就一路下跌，开盘跳空到 9.70，而 2LOW 止损在 9.80 元，开盘就直接有效跌破 2LOW 点，于是开盘就卖出该股。整个交易持续了 18 个交易日，属于利用 N 字结构操作法持股时间较长的一类例子。18 个交易日，**获利 25% 左右，属于比较好的操作了。**

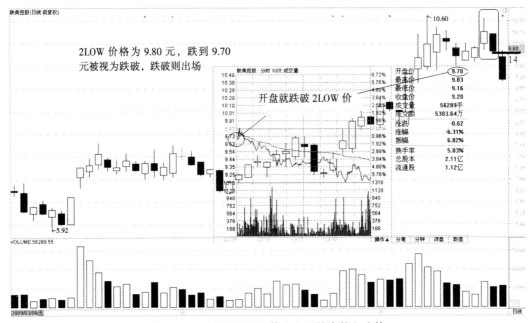

图 8-20　联美控股进场第十八日的走势和决策

第二节　实战范例 2——首开股份

我们来看第二个利用神奇 N 字结构盘口操作法的实战范例，这是首开股份。首先，我们对日线股价走势进行审视，寻找那些前期有一段显著上涨，目前处于调整末期的股票，最终我们锁定了首开股份，请看图 8-21。首开股份的股价从波段高点下跌了十天左右，在 13.00 元附近形成了很多的十字星，这表明市场在此位置比较犹豫，多空对决激烈，不久之

后出现了一根拉升的大阳线，调整结束的可能性很大，由此确认了形成中的上涨 N 字结构。正如我们在前面介绍的一样，**中大阳线往往是阶段性底部确立的标志**，该阳线与此前的阴十字星形成了看涨吞没，如果再放开眼界来看，则构成了变异的早晨之星，这些都是局部底部确立的标志，也是见位进场的标志。

大阳线之前一日的十字星对应的是"窒息量"。十字星代表着价格波动率极小值，"窒息量"代表着成交量波动率极小值。极小值往往意味着变盘。

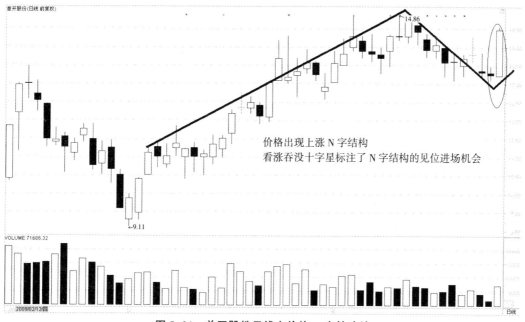

图 8-21　首开股份日线上价格 N 字的确认

　　在**股价走势上找到了形成中的 N 字结构之后**，我们要查看对应的成交量走势，请看图 8-22。首开股份上涨 N 字对应的成交量走势也显现出了非常明显的 N 字结构。当股价从 9.11 元附近上扬的时候，对应的成交量也逐步放大。当股价达到 14.87 元开始回落的时候，邻近的成交量走势也形成了一个局部高点，然后随着股价的下跌而逐步萎缩。当股价最近一日形成一个大阳线，开始向上拉升的时候，成交量也走出地量，开始放量，由此成交量的 N 字结构确立了。

　　一旦在股价和成交量走势上确认了 N 字结构的进场机会，则在次日开盘时买入首开股份，请看图 8-23。介入当日收盘之后，设定 2LOW 在本日和当日最低点处，也就是图 8-23 中

此股前一段上升走势非常稳健，趋势线从不跌破，而且影线较多，盘中洗盘提高散户平均持仓成本的情况居多。

调整末期买入盈利空间更大，倘若没有对大盘和题材，以及主力的深入研究则失败率比突破后买入要高。

的水平线 1 处。本交易日开盘买入，到收盘时已经开始获利了，这就使交易者处于心态上的主动地位，这是**见位交易者的优势**，如果采用破位交易很容易入场就暂时处于亏损中。

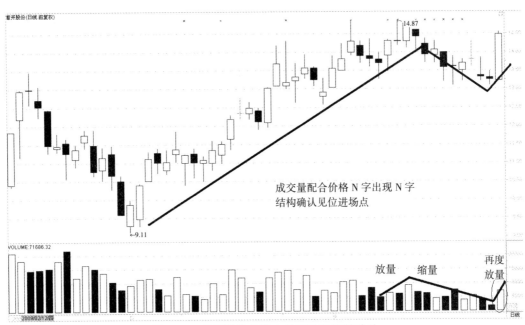

图 8-22 首开股份日线上成交量 N 字的确认

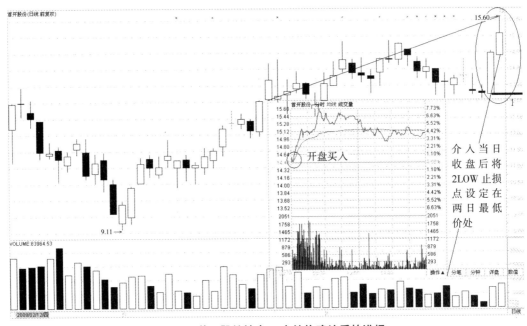

图 8-23 首开股份神奇 N 字结构确认后的进场

买入首开股份之后的第二日开盘，2LOW 止损维持不变，如图 8-24 所示。本交易日开盘之后，进行了一些平缓的调整，之后一路上扬，直奔涨停，这就是利用神奇 N 字结构盘口操作法经常无意捕捉到**涨停板**的典型例子。

出现 N 字结构的题材股的涨停是一个水到渠成的过程。

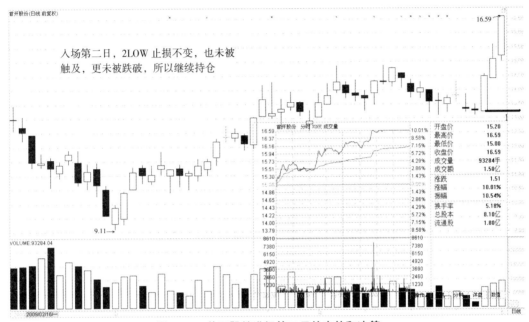

图 8-24　首开股份进场第二日的走势和决策

进场第三日开盘，重新计算 2LOW 止损点，将其移动到水平线 2 处，本交易日股价小幅上扬，涨了 3% 多点，这样股价基本已经远离了买入的成本价，如图 8-25 所示。

买入首开股份的第四日，股价低开高走。开盘时，重新计算 2LOW 止损点，将其向上移动到水平线 3 处，如图 8-26 所示。今日股价盘中最低点仍旧远离 2LOW 点，所以继续持仓。**神奇 N 字结构操作法其实很傻瓜**，特别是出场，但是简单中蕴含了很多贴近于市场实际和概率原理，以及交易哲学的东西，如果你有很长时间的交易经验，同时也经常反省和总结，则你应该能够明白我们的意思。

买入首开股份第五个交易日，如图 8-27 所示。开盘的时候，根据 2LOW 设定规则，将其移动到水平线 4 处。开盘与

傻瓜方法最难的地方在于严守规则，这点是最难的。

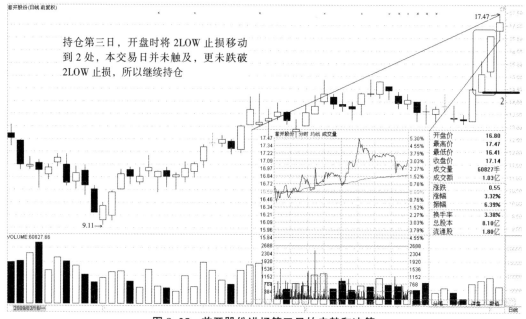

持仓第三日，开盘时将 2LOW 止损移动
到 2 处，本交易日并未触及，更未跌破
2LOW 止损，所以继续持仓

开盘价	16.80
最高价	17.47
最低价	16.41
收盘价	17.14
成交量	60827手
成交额	1.03亿
涨跌	0.55
涨幅	3.32%
振幅	6.39%
换手率	3.38%
总股本	8.10亿
流通股	1.80亿

图 8-25　首开股份进场第三日的走势和决策

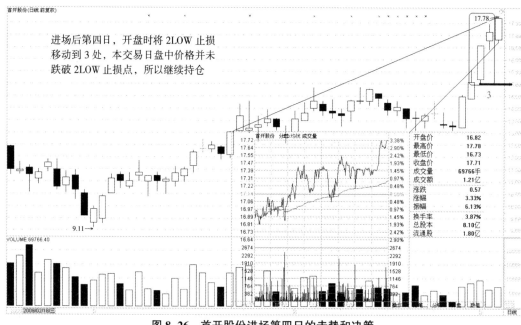

进场后第四日，开盘时将 2LOW 止损
移动到 3 处，本交易日盘中价格并未
跌破 2LOW 止损点，所以继续持仓

开盘价	16.82
最高价	17.78
最低价	16.73
收盘价	17.71
成交量	69766手
成交额	1.21亿
涨跌	0.57
涨幅	3.33%
振幅	6.13%
换手率	3.87%
总股本	8.10亿
流通股	1.80亿

图 8-26　首开股份进场第四日的走势和决策

对于 N 字结构操作法而言，盯盘的目的在于观察个股是否跌破止损点。这是最直接的盯盘任务，除此之外还需要观察板块资金流向、大盘强弱和龙头股表现。所以，看盘功夫无止境，不断有新的任务需要你完成。

前一日高点靠近，开盘后从 17.74 元附近一路下滑，午盘一段时间之后才快速拉起。本交易日盘中并未跌破水平线 4，所以继续持有该股，这就是"让利润奔腾"的做法。

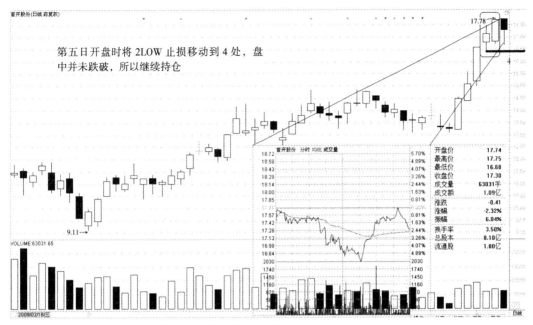

第五日开盘时将 2LOW 止损移动到 4 处,盘中并未跌破,所以继续持仓

图 8-27 首开股份进场第五日的走势和决策

进场之后的第六个交易日,开盘时将 2LOW 止损移动到水平线 5 处,如图 8-28 所示。盘中最低价 16.73 元,而 2LOW 的价位是 16.68 元,所以继续持仓。

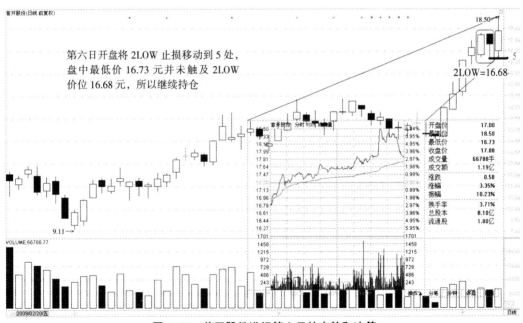

第六日开盘将 2LOW 止损移动到 5 处,盘中最低价 16.73 元并未触及 2LOW 价位 16.68 元,所以继续持仓

图 8-28 首开股份进场第六日的走势和决策

上影线几个交易日内被中大阳线吃掉，则后市看涨，这就是仙人指路。上影线后出现中大阴线，放出天量，那后市看跌。

持仓到第七日开盘，2LOW 止损仍旧不变，如图 8-29 所示。盘中首开股份创出新高 18.68 元，然后快速回落，形成了规模较小的**流星形态**，但是并未跌破水平线 5，于是继续持仓。

第七个交易日开盘，2LOW 止损维持不变，本交易日盘中价格未触及止损点，所以继续持仓

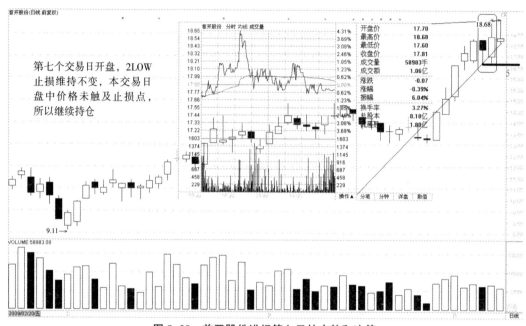

图 8-29 首开股份进场第七日的走势和决策

第八日开盘，2LOW 移动到水平线 6 处，如图 8-30 所示。盘中最低点并未跌破 2LOW 点，于是继续持有首开股份。

进入第九个交易日，请看图 8-31，开盘时根据规则将 2LOW 止损点移动到水平线 7 处。今日开盘之后股价一路上扬，创出新高，最高升至 19.81 元。盘中最低跌至 18.00 元，与开盘 18.02 元很近，没有怎么下跌，更别提触及 2LOW 点，所以继续持仓。

第十个交易日开盘时 2LOW 维持不变，水平线 8 就是水平线 7，如图 8-32 所示。今天的走势上冲下洗，震荡幅度较大，**但是收出一颗十字星**，盘中最低点远离 2LOW 止损，所以继续持有该股。

下影线扫过的地方可以看成是洗过盘的点位，也可以看成是抛压的表现。

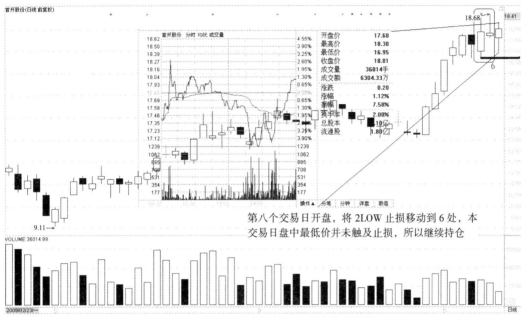

第八个交易日开盘，将 2LOW 止损移动到 6 处，本
交易日盘中最低价并未触及止损，所以继续持仓

图 8-30　首开股份进场第八日的走势和决策

第九个交易日开盘时将
2LOW 止损移动到 7 处，
本交易盘中最低价未触及
止损点，所以继续持仓

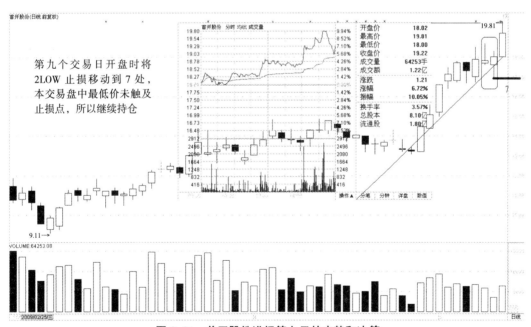

图 8-31　首开股份进场第九日的走势和决策

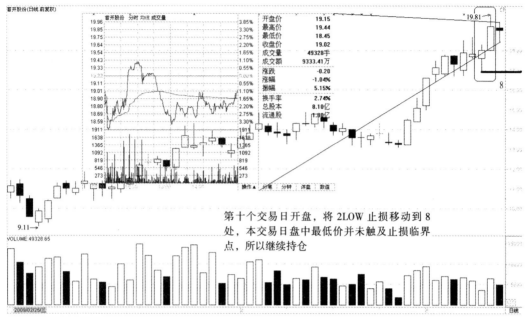

图 8-32 首开股份进场第十日的走势和决策

持股第十一日开盘时，将止损提升到前两日的最低点，也就是图 8-33 的水平线 9 处。本日没有跌破该止损点，继续持股。

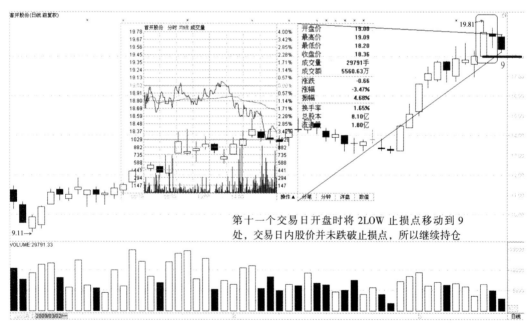

图 8-33 首开股份进场第十一日的走势和决策

进场后的第十二个交易日开盘，将 2LOW 止损重新计算，移动到水平线 10 处，如图 8-34 所示。此时 2LOW 价位等于 18.20 元，开盘跌至 18.00 元，于是开盘就应该卖出该股。总共十二个交易日，盈利 20%左右。

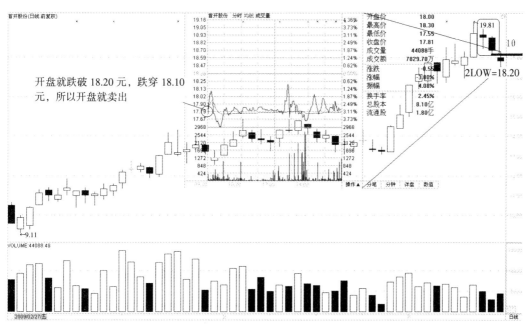

图 8-34　首开股份进场第十二日的走势和决策

第三节　实战范例 3——氯碱化工

利用神奇 N 字结构操作法进行股票短线操作，持有期限从 1 天到一个月左右，这个操作方法要求交易日每日盘后选股，**手头的平均持股应该在 5~8 只**，这样可以分散风险，毕竟技术分析是一个概率性的东西，跟保险精算一样，这样可以避免较小概率事件导致的大额亏损。

后面几节，我们介绍一些持仓较短的例子，这样的情况在震荡走势中比较常见，在 2006 年到 2007 年的超级大牛市中比较少见，那种大牛市是傻瓜比聪明人更能赚钱的环境，

分散持股可以滚动操作，这只股票抛了，兑现的现金可以买下一只股票。一天新建 5%到 20%的仓位即可，不要一天把所有可用仓位都用了。

老股民因为心里没底反而不敢跟进。本例我们介绍氯碱化工的短线操作，如图 8-35 所示。首先从股价上发现氯碱化工今日收盘形成了一个看涨的变异早晨之星形态，同时前期有过显著上扬，近期也有**足够幅度的回调**，现在的 K 线走势表明该股处于调整末期，也就是 N 字结构第三阶段的形成时期。

如果会斐波那契回撤度量，可以看一下目前价位是否已经在某个斐波那契点位上了。

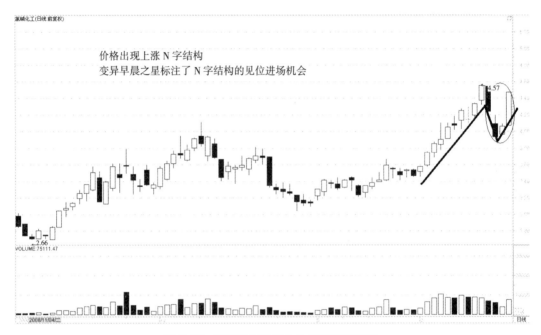

价格出现上涨 N 字结构
变异早晨之星标注了 N 字结构的见位进场机会

图 8-35　氯碱化工日线上价格 N 字的确认

接着，检查对应股价走势的成交量走势，如图 8-36 所示。股价爬升的时候，**对应的成交量也是逐步增大的，股价从波段高位下跌的时候，成交量相应缩量**，目前股价拉起，对应的成交量也出现了再度放量，股价的 N 字得到了成交量的 N 字配合，进场条件具备。

价涨量增，价跌量缩，这就是有序上涨的价量表现。

一旦股价和成交量出现了配合发展中的 A 字，同时股价出现阶段底部阳线，而对应的成交量也从阶段性地量拉升，则进场条件具备，在次日开盘买入氯碱化工即可，如图 8-37 所示。买入后等收盘则将 2LOW 止损放置在本日和前一日的最低点处，也就是水平线 1 处。

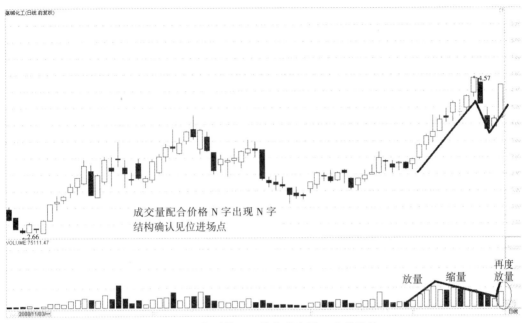

图 8-36 氯碱化工日线上成交量 N 字的确认

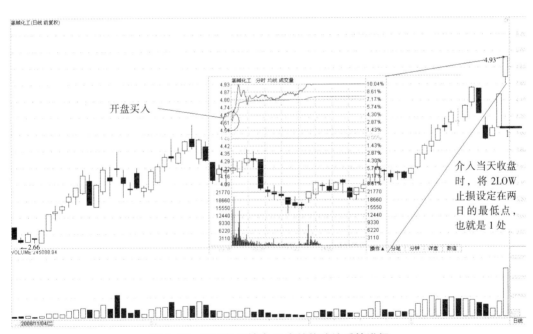

图 8-37 氯碱化工神奇 N 字结构确认后的进场

买入氯碱化工第二日开盘，2LOW 止损维持不变，如图 8-38 所示。本日该股继续大幅上扬，直接拉出涨停板，这又是一例利用神奇 N 字结构盘口操作法无意捕捉到涨

第三波中出现涨停板的情况很多，也不一定就是疯狂见顶的阶段。涨停板可以在第三波起点出现，也就是窒息量后面一日。也可以在突破前高时出现，这时候主力横扫一切短期套牢盘。更可能在加速的时候出现，也就是主升浪的中后段。

停板的实例，部分时候**涨停板会在 N 字结构的第三阶段末期出现**，具体是哪一日则很难确定，这是确定性因素中的不确定性部分。

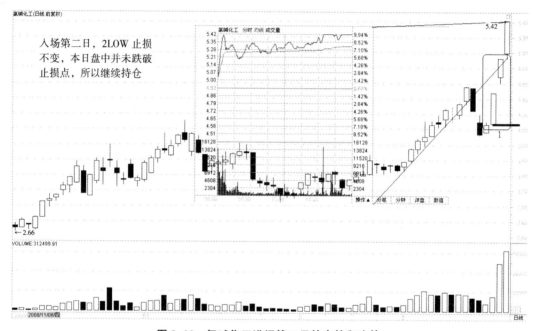

入场第二日，2LOW 止损不变，本日盘中并未跌破止损点，所以继续持仓

图 8-38　氯碱化工进场第二日的走势和决策

买入氯碱化工第三个交易日，本交易日开盘时将 2LOW 止损移动到水平线 2 处，如图 8-39 所示。早盘停盘之后股价一路下跌，但是并未触及止损点，所以继续持有该股。

第四个交易日开盘时将止损移动到水平线 3 处，具体价位是 4.93 元，如图 8-40 所示。开盘后股价一路下跌，跌破 2LOW 点，跌至 4.83 元时卖出氯碱化工。整个交易持仓 4 日，属于盈亏平衡、稍微盈利的交易。从本例我们也应该知道，在持仓的 3~5 只股票中，可能有一只是处于盈亏平衡状态，但是你很难在买入之前就知道是哪一只。

题材的性质和强度以及可持续性决定了利润的多寡。

入场第三日，开盘时就将 2LOW
止损移动到 2 处，本日盘中并未
跌破止损点，继续持仓

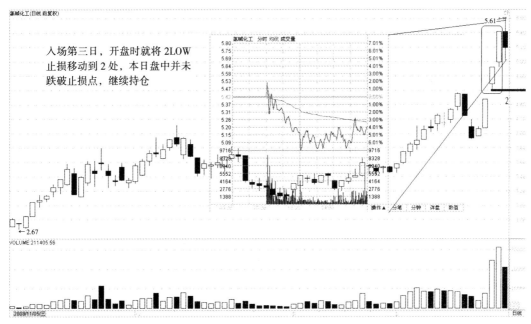

图 8-39 氯碱化工进场第三日的走势和决策

盘中 4.83 元卖出

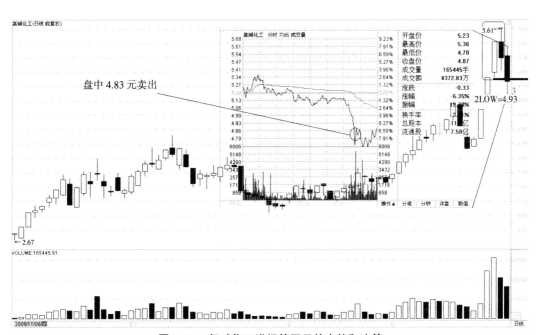

图 8-40 氯碱化工进场第四日的走势和决策

第四节　实战范例 4——中江地产

我们在 A 股中寻找上涨 N 字机会的时候，应该选取那些 N 字规模适中偏小的机会，这样便于把握其短期内的股价变化，那些规模很大的 N 字结构，本身就是由很多更小规模的 N 字结构组成的，短线客交易起来比较麻烦，很可能一进场就遇到震荡走势，而不是你想要的直接拉升。我们来看一个 N 字结构偏小的机会，这就是中江地产的例子。请看图 8-41，这是中江地产的日线走势图。股价在近期有一段较为明显的上升走势，然后出现了**三天的回调**，在今日收盘之后形成了早晨之星，标注了调整末期的到来，一个形成中的 N 字结构凸显出来了。

> 调整时下跌部分最好不要超过 5 天，最多不超过 7 天，调整时间过长往往意味着主力不急于拉升，也可能意味着个股走势不强劲。

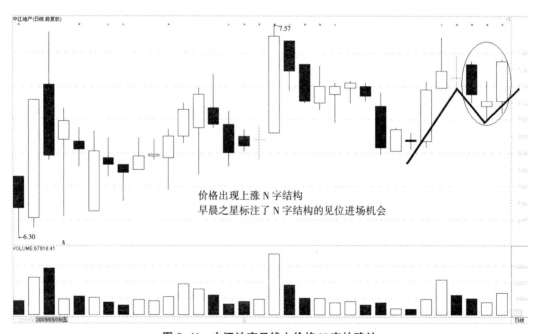

图 8-41　中江地产日线上价格 N 字的确认

　　当近期中江地产的股价走势出现 N 字结构的时候，我们
必须立即查看对应的成交量的走势，请看图 8-42。股价上升
的时候，成交量也在逐步放大，当股价下跌的时候，成交量
也逐渐缩小，当股价再度拉升的时候，成交量也从局部地量
再度增加。由此看来，成交量也构成了 N 字结构。当股价和
相应的成交量构成 N 字结构的相应进场机会时，我们就应该
在次日开盘买入，当然仓位的计量需要考虑我们前面课程的
提示。

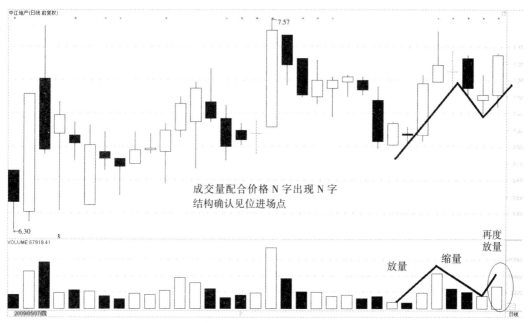

图 8-42　中江地产日线上成交量 N 字的确认

　　由于中江地产在股价和成交量两方面都满足了神奇 N 字
结构盘口操作法的进场条件，所以我们在次日开盘时买入，
如图 8-43 所示。买入后等收盘，将 2LOW 止损设定好，如图
8-43 所示的水平线 1 处。

　　进场之后的第二天，无须移动止损，早盘横盘整理，**午
盘发力上攻**，拉出大阳线，远离了止损价位，于是继续持仓，
让利润继续奔腾，如图 8-44 所示。

注意午后的放量！

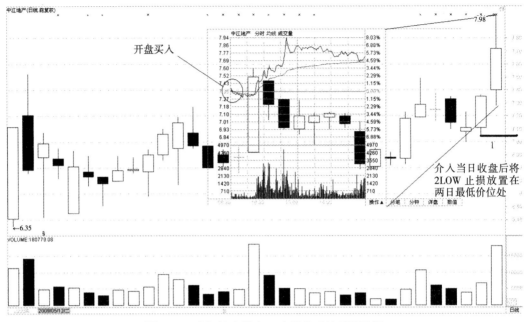

图 8-43　中江地产神奇 N 字结构确认后的进场

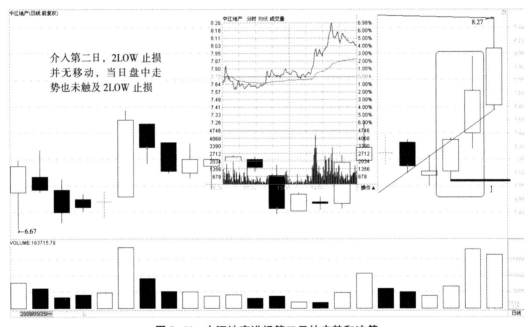

图 8-44　中江地产进场第二日的走势和决策

　　进场之后第三日开盘，将 2LOW 止损移动到图 8-45 中的水平线 2 处。本交易日股价创出新高后快速回落，最终还是收出了小阳线，上下影线都很长，但是离止损点很远，所以继续持仓。

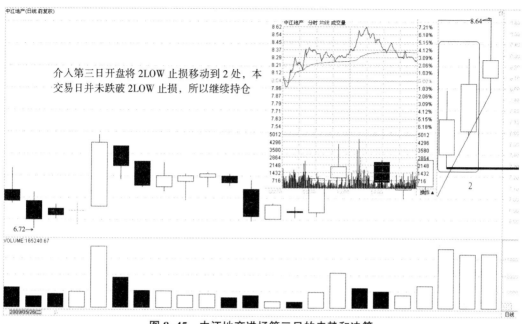

图 8-45 中江地产进场第三日的走势和决策

买入中江地产之后，第四个交易日开盘重新计算 2LOW 止损，将止损移动到水平线 3 处，如图 8-46 所示。中江地产的股价在今日再次创出了新高，早盘创出新高之后，开始缓慢回落，如果根据某些跟庄书籍的说法，这是**拉高出货的征兆**，但实际上

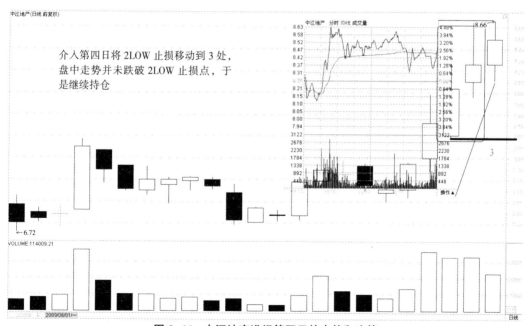

图 8-46 中江地产进场第四日的走势和决策

单看分时走势，很多情况都是模棱两可的，各种可能性都有，必须结合日 K 线，结合大盘，结合题材，结合板块资金流向，结合龙头股才能知其所以然。

这样的说法是局部的。如果你老是根据这些局部信息进进出出，那你就会损失很多的手续费，这就好比根据震荡指标进出一样，假信号太多了。我们化繁为简，根据 2LOW 法则来决定进出，本例中盘中股价并未跌破止损，所以继续持仓。

买入中江地产第五日开盘，将 2LOW 止损移动到水平线 4 处，如图 8-47 所示。今日股价再度创出新高，一度升至 9.06 元，此后进行了部分调整，但是仍旧收出阳线，股价并未触及 2LOW 点，于是继续持仓。

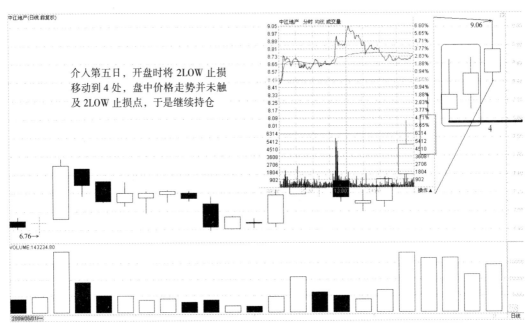

介入第五日，开盘时将 2LOW 止损移动到 4 处，盘中价格走势并未触及 2LOW 止损点，于是继续持仓

图 8-47　中江地产进场第五日的走势和决策

介入的第六个交易日开盘，2LOW 止损移动到水平线 5 处，如图 8-48 所示。本日低开低走，午盘结束前才逐渐回升，跌破了前一日的最低价，但是并未跌到 2LOW 止损点，于是继续持仓。

买入中江地产到第七个交易日，开盘时将 2LOW 止损移动到水平线 6 处，如图 8-49 所示，具体的止损参照点是 8.37 元，开盘不久就快速跌至 8.26 元，已经跌破了 2LOW 点，应该立即卖出该股。整个交易持续了七天，盈利近 10%，应该

算是不错的短线交易了。

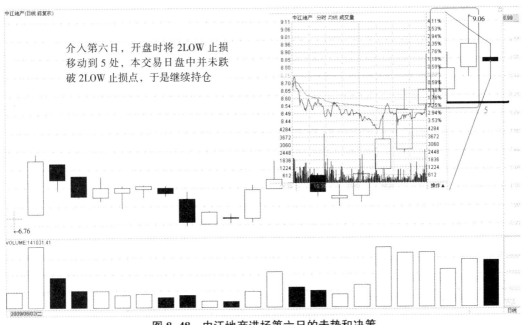

介入第六日，开盘时将 2LOW 止损移动到 5 处，本交易日盘中并未跌破 2LOW 止损点，于是继续持仓

图 8-48　中江地产进场第六日的走势和决策

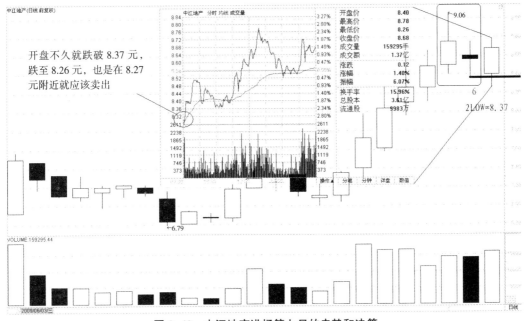

开盘不久就跌破 8.37 元，跌至 8.26 元，也是在 8.27 元附近就应该卖出

图 8-49　中江地产进场第七日的走势和决策

小规模的 N 字结构交易机会在短期交易中占据了重要的地位，比较适合我们短线

股票短线交易的技术体系纷繁复杂，各种方法，各种指标，如何落实下手，N 字结构盘口操作法可以作为一个入手点，先实践起来再根据个人总结慢慢完善提高。

操作，承受初始回调风险也较少，胜算率较高，同时**形态也比较容易辨认**，所以值得我们花费更多的精力去筛选。

第五节　实战范例 5——中国医药

小于七个交易日的调整不算长，强势股特征！

最后再看一个神奇 N 字结构操作法的实例，这是中国医药的例子，下午收盘之后，我们依次翻看 A 股，发现了中国医药近期出现了 N 字结构见位交易的机会。请看图 8-50，股价近期从 13.30 元上扬，上涨近十天之后出现了**一定程度的调整**，看跌吞没拉开了调整的序幕，然后股价下跌了几天，最近一天出现了拉升的阳线，与前两天的 K 线构成了早晨之星形态。中国医药股价走上的 N 字结构已经被确认了。

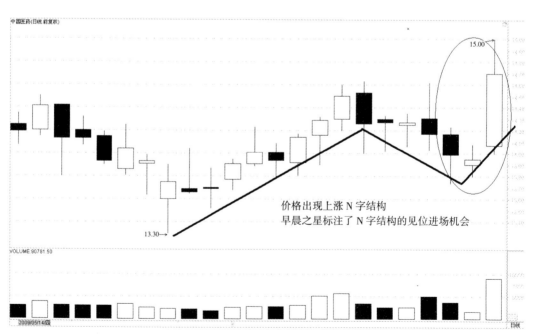

图 8-50　中国医药日线上价格 N 字的确认

股价的 N 字结构被确认，接着我们查看对应的成交量走势是否存在相应的 N 字结构，请看图 8-51。中国医药从 13.30 元上涨时，对应的成交量逐步放大，之后成交量先于股价的顶部出现顶部。股价下跌之后，成交量逐步缩小，萎缩到阶段性地量之后出现了放量，该放量对应于今日拉升的阳线，于是成交量的 N 字结构被确认了。

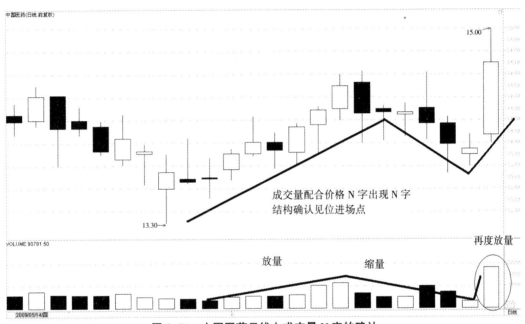

图 8-51　中国医药日线上成交量 N 字的确认

由于价量的 N 字结构都被确认，于是我们在次日开盘买入中国医药，如图 8-52 所示。买入当日收盘后，将 2LOW 止损设定在两日最低价处，也就是水平线 1 处。

买入中国医药第二日，2LOW 止损仍旧不变，如图 8-53 所示。本日盘中出现了典型的流星形态，平开低走，但是并未跌破止损点，所以继续持仓。

第三日开盘，将 2LOW 止损移动到水平线 2 处，价位为 14.7 元，开盘后不久价格就跌至 14.7 元，跌到 14.6 元时我们卖出该股，如图 8-54 所示。**整个交易持仓不到三天，亏损大约 4%。如果不设定止损则后续亏损更大**，这也告诫我们这套

事前看是强势股，即使如此也必须严格设定止损，因为出乎预期之外的情况不少。

方法必须同时持股 3~5 只，才能从概率上战胜市场，获得整体的盈利。

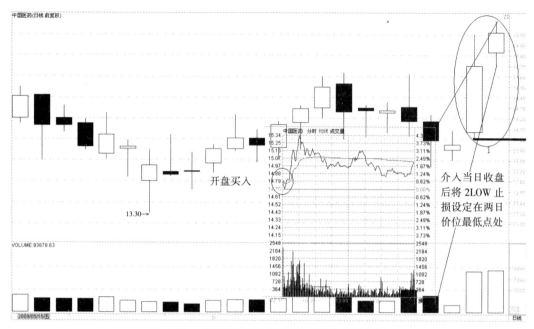

图 8-52　中国医药神奇 N 字结构确认后的进场

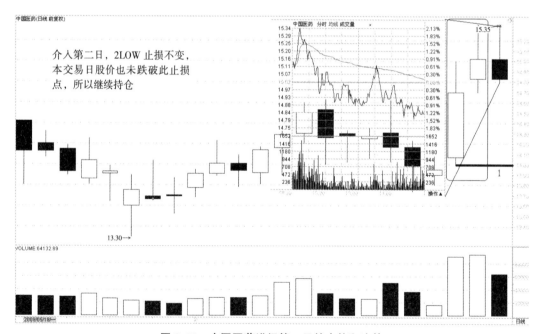

图 8-53　中国医药进场第二日的走势和决策

214

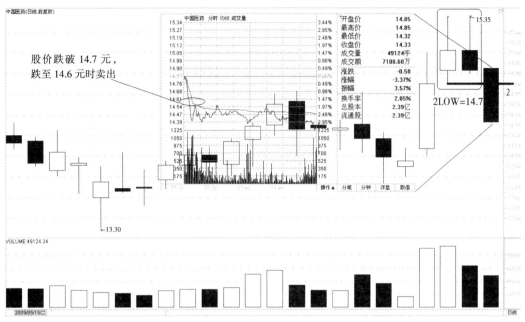

图 8-54 中国医药进场第三日的走势和决策

第六节 升华与思考——【狙击空间板的心髓】

空间板是短线操作中一个非常重要的潜在标的,情绪冰点之后空间板有溢价,根据相关统计可以让本金达到 200% 左右的年化增长率。我们在本书中反复强调 N 字结构的重要性,其实情绪冰点往往与 N 字结构的第一波起点或者第二波终点有关。

什么是空间板呢?除去连续一字涨停板之后的市场最高换手板。一字涨停板基本上没有什么成交量,是一种缺乏基础的加速上涨,往往是下跌起来也没有什么支持。换手板意味着分歧上涨,相对而言平均筹码成本在不断上涨,获利筹码不多,获利幅度也不大,抛压自然也就轻一些,筹码没有出现显著而巨大的断层。

市场上连续涨停数最大的那只个股的俗称就是"空间板",**它体现了当时整个市场的情绪高度,也成了涨停板的标杆。**比如,空间板为 8 板,那么在这个情绪周期内市场默认后排个股能够达到的涨停极限就是 8 板。

除非情绪周期在逻辑和资金的作用下进一步走高,那么就能诞生新的空间板,新的涨停板标杆就被树立起来了。当然,情绪周期也可能就此退潮,空间板就会被压缩

到 8 板以下。

从我们的阐述之中，你可能已经大致推断出了空间板的两种用途。第一，在情绪好转或者良性发展时，操作当时的空间板，享受情绪周期带来的溢价。第二，以空间板把握情绪周期和赚钱效应，如果空间板延伸，表明市场情绪良好，那么我们在龙头或者其他活跃股上的操作就会有更大的赢面，这就是我们反复提到的"周期"；如果空间板压缩，表明市场情绪退潮，那我们就应该减少操作，甚至停止操作，这样就可以避免"纸上富贵"，这就是"周期"的恶性阶段。

每天复盘，你需要找到当天的空间板，并且在次日集合竞价和盘中阶段观察其动向这是把握"周期"非常重要的一个手段，也是"短线法宝"之一。

将昨日涨停指数与空间板，以及龙头股结合起来观察，你可以对市场情绪的潮起潮落有明显的感觉。这个工作并不困难，一方面许多软件提供了相应的数据，另一方面许多财经媒体也提供了相应的统计。

讲到空间板，有必要与龙头股区别一下。空间板有可能是龙头，龙头股也有可能是空间板，但是两者却不能画等号。空间板比龙头股更容易定义，因为一个定量公式就能选出市场的空间板。

空间板是通过"结构"来定义的，而龙头股是通过"逻辑"来定义的。无论是空间板还是龙头股，都需要"周期"的支撑，周期就是"水"，空间板和龙头股就是"舟"，"水可载舟亦可覆舟"就是这个道理。

短线高手非常明白这个道理，所以可以登顶为股市之中"君王"。我们一直讲"短线法宝"，N 字结构其实只是很小的一部分。"势位态"属于"结构"的范畴，空间板也主要是从"结构"的范畴来定义的。但是"短线法宝"应该是"三宝"——"周期""逻辑"和"结构"。

我们讲"市场分析"的三部曲——"驱动分析""心理分析"和"行为分析"，这是我们最早归纳出来的。

"逻辑"是"驱动分析"的内核！

"周期"是"心理分析"的内核！

"结构"是"行为分析"的内核！

"心理"是"驱动"和"行为"的中枢！

"周期"是"逻辑"和"结构"的中枢！

为什么你学了许多技术分析、基本分析，仍旧未能赚钱？

因为你不懂"周期"！

现在我们回到空间板与龙头股这个话题上。龙头股有成为空间板的潜质和能力，但是空间板却未必具有龙头股的逻辑要素。空间板的操作比龙头股的操作更注重时机和周期，如果情绪退潮，那么空间板就更容易"吃大面"。

龙头股可以低吸、半路买入或者打板，但是空间板更适合情绪套利。龙头股你可以期望很高，从容进出；对空间板则不能寄望太多，更适合快进快出。

下面谈的问题是"高胜算率的空间板"。我们从两个角度来谈，第一个角度是"高胜算率的时机和周期"。

空间板很高，所以直观的风险是很大的。但是，许多高手却希望盯着空间板"吃肉"。等你"情绪亢奋"跟着上去"吃肉"的时候，往往会遭遇"大面"。

为什么会出现这种反差呢？

还是那句"陈词滥调"——高手懂市场情绪周期，你不懂。你随着大流在走，市场极端乐观时，你也极端乐观，所以就容易买在情绪最为亢奋的退潮点。

空间板的绝对高低是表象！

空间板是否还有溢价取决于情绪周期。

冰点时，空间板有溢价！

沸点时，空间板带来巨大的风险！

什么是沸点？这个需要更多判断，比如多个热点集体高潮，涨停个股超过 100 只等。

什么是冰点？昨日涨停指数回调到 5 日均线处等。

为什么我们给了你这些死板机械的定量衡量手段？因为这样容易入门。

不过，随着你对市场运作机制有了越发深入的理解，就会懂得"以无法为有法"的原理了。

定量是为了你容易上手，容易落地，但是绝不应该因此认为这就是原理所在。

情绪冰点之后还有冰点，当然这是少数情况，那么你如何管理这种风险呢？昨日涨停指数作为一种预判手段，不能保证百分之百有效，这就需要在仓位管理和止损来修正自己的错误，提供容错空间。

技术上的止损是一种让交易"可证伪"的修正机制，是让交易科学化的具体手段。

有些高手反对止损，其实他们采用的不是后位出场法，而是同位出场法而已。他们更多根据逻辑走坏和周期退潮来离场，而不是根据结构来离场。所以，不要停留在有形有限的现象和名词上，要深究其本质和原理。

除了利用昨日涨停指数等手段来预判情绪周期，我们还可以利用空间板本身来确

认，甚至预判情绪周期，进而为空间板的操作提供基准。

空间板是一种筹码和情绪的游戏，有些市场人士甚至认为空间板就是一种"热门题材"。空间板就好比次新和高送转一样，本身就是一种热点，到了恰当的时机就会被资金追捧。

那么，这个恰当的时机如何从空间板本身看出来呢？

空间板是谁，一眼就能看出来。难点在于择时当机！

昨日涨停指数的冰点分析是一个简单的方法，另外一个简单的方法就看空间板次日的竞价和开盘表现。如果竞价态势低于预期，那么就是情绪走弱的表现；如果竞价态势超出预期，那么就是情绪走强的表现。比如空间板最近由 8 板降到了 4 板，突然这个空间板今天走出 5 连板，那么就是情绪走强的表现，隔日就可以操作空间板或者龙头股。

与"空间板"相对的一个概念是"低位板"。谈到时机和周期，就不能不谈到"什么时候做空间板？什么时候做低位板？"

如果情绪退潮，指数向下，那么空间板就容易炸板，这个时候低位板就比空间板更安全，游资就会集中于首板和二板的操作；如果情绪走高，指数向上，那么空间板就容易引起短线套利资金的兴趣。

在大多数情况下，空间板都能抗住一个小周期的调整，但是如果遇上更大周期的调整或者二次调整则也会炸板。

如果最近一段时间市场出现过"妖股"，那么也是买入空间板的好时机，因为市场存在直线预期和模仿效应。

第二个角度是"高胜率的结构和逻辑"。

哪些种类的空间板可以操作？

第一，叠加龙头角色的空间板更优。

第二，获得机构不断加持的空间板值得参与。

第三，没有实质性利空，比如股票最近解禁。

第四，竞价放量超过昨天总量的 4%，越高越好。

第五，今天高开幅度必须超过昨天高开幅度，连续高开最好。

那么，空间板的具体进场点如何确定呢？

许多游资在进行空间板套利的时候，往往会等到下午。如果早盘换手充分了，没有出现大笔恐慌卖单，那么他们就会在午盘或者尾盘进入。

不过，这并不具有普遍意义，买点其实很多，关键是我们前面提到的时机和周期。

低吸、半路和打板都可以，所有分时走势上的技术买点结构都可以参考，这些都是"有形的招式"。

狙击空间板的功力不在这些具体的招式上，而在前面提到的"周期"上。

相对于买点而言，空间板的卖点更加重要。买的时机比买的招式重要十倍，而卖点至少与买的时机一样重要。

第一个卖点是缩量涨停后放量不涨停。

第二个卖点是出现阴线。

当然，还有其他一些卖点，上面两个是最为重要的。至于初始止损，大家可以结合我们的相关论述，自己思考一下如何设置，这个要简单一些。

短线称王靠的是简单有效，SIMPLE IS BEST!

短线交易对炒家的要求很高，无论是行情分析、仓位管理还是心理控制都需要很高的水平，胜任波段交易和长线交易的炒家数量较少，胜任短线炒家的数量更少，但是绝大多数人都倾向于短线炒卖而不是波段交易和长线交易，也就是说绝大多数人都应该归入"自不量力"的一类。说这样的话，并不是贬低大多数参与炒股的读者，而只是想给读者善意地提个醒，要知道短线炒卖各方面的要求都比其他类型交易的要求更高。

那么成功进行短线交易需要一些什么内部和外部条件呢？首先来讲外部条件，短线交易要成功最好是在一个趋势强劲的市场。比如大牛市中，所以大盘的分析对于个股的操作比较重要，大盘的底部一般要靠大阳线来确认，银行信贷的松紧也是大盘走势的重要风向标。如果你对于基本面分析不在行，则你可以单单依靠最初的上涨N字结构来确认大盘是否确立了上涨走势。当大盘处于牛市的时候，短线操作的成功率要高更多。外部条件的第二要素是安静的、独立的选股时段，每天你都需要在收盘后抽出几个小时利用特定的短线选股技术选出几只股票隔日买入，对于已经买入的股票你要每日评判其是否符合出场条件，这样每天你可能都有买入的股票，也有卖出的股票，这里面就是一个滚动操作的过程。另外，基本的选股软件和足够的资金也是不言自明的外部条件。

就内部条件而言，充沛的精力和足够的自制是一个基础，这些可以通过有规律的锻炼和充分的放松来完成，超觉静坐和肌肉渐次放松等技术可以产生很好的效果，希望大家能够从中获得足够的收益，关于这两项技术的详细说明可以在网上找到，最好配合放松音乐进行，如果你能配合一个较为放松的外部环境进行操作则更好。内部条件中交易观念的转变是最重要的，其次则是找到有效观念指导下的具体技术。不少人

观念本身就比较模糊和混乱，对很多正确交易观念的认识停留于表面，对于观念的根本探究不深，比如对于"截断亏损，让利润奔腾"的缘由，所以他们经常念叨的一些交易信条自己也不知所谓，只是心中大概有个感觉而已。观念上必须围绕三利公式——盲利公式、凯利公式和复利公式。从观念衍生出来的态度就要重视三率：风险报酬率、胜算率和周转率，其中风险报酬率和胜算率决定了持仓率，而周转率和费用率则决定了交易成本，短线交易一定要选择相同服务下费用率最低的经纪商，所谓相同的服务主要是指成交速度。当观念正确之后，态度也正确了，我们最终要落实于技术层面，这时候进场和出场就是非常重要的问题，只有搞清楚了进场点和出场点，整个交易才会完整和完善，很多短线炒手对于进场点和出场点内心只有很模糊的概念，绝大多数散户根本没有一个明确的出场点。

神奇 N 字结构操作法就是建立在三利公式、三率和进出加减四步骤之上的，同时考虑了股票区别于外汇、期货和黄金的特点，重视价量结合、重视价量的敛散收放、重视进场和出场的完备性。更为可贵的是，神奇 N 字结构操作法化繁为简，将斐波那契交易法、江恩正方理论、艾略特波浪理论、加特力理论、安德鲁叉理论和凯恩反作用波段理论熔于一炉，取其精华，结合 A 股市场的特点，经过一轮完整的牛熊周期的实践得到了这套大道至简的方法。这套方法的最大特点就是简单有效！